LE GRAND
SELIM,
OV LE
COVRONNEMENT
TRAGIQVE.
TRAGEDIE.

A PARIS,

Chez NICOLAS DE SERCY, au Palais, en la Salle
Dauphine, à la Bonne-Foy couronnée.

M. DC. XXXXV.
Auec Priuilege du Roy.

A MONSIEVR

MONSIEVR

****

ONSIEVR,

Et tres-cher amy.

*Quoy que ma plume se soit d'vn premier abord
occupée à décrire vne ingratitude sans exemple,
mon cœur neantmoins n'a pas esté susceptible de
ceste mauuaise impression, il a veritablement con-
ceu les sentiments d'vn ingrat; mais il s'en est dé-
chargé par ma main sur le papier, & n'a retenu
qu'vne grande auersion pour vn vice si detestable.*

á ij

EPISTRE.

La reflexion qu'il a faite sur la méconnoissance de Selim, luy a fait desirer de fuir vne semblable faute, pour s'exempter du blâme toujiours inseparable de l'erreur : & se seruant enfin du crime d'autruy à son auantage, il m'a inspiré de satisfaire à nostre amitié, & de rendre ce que ie dois à la passion que vous auez toujiours eue pour moy. Comme les lettres ont fait naistre ceste tendresse de vostre affection, ie desire que les lettres me seruent pour la reconnoistre ; & ie croiray n'auoir pas inutilement trauaillé dans tout le cours de mes estudes, si par elles ie vous puis témoigner que ie suis,

MONSIEVR,

Vostre tres-humble & tres affectionné seruiteur & amy.

★ ★ ★ ★ ★ ★ ★

AV LECTEVR.

LECTEVR, Accuſe moy de
trop d'ambition, où de peu de
iugement, de mettre au iour vne
Oeuure imparfaite à ce point, ie
ſouffriray librement ta cenſure,
& ſans me purger de l'vn où de l'autre, ie diray
ſeulement que i'y ſuis obligé par des conſidera-
tions, qui ſont aſſez puiſſantes pour me faire mé-
priſer quelque iugement que tu en faſſe.

A MONSIEVR LE ✦ ✦ ✦ ✦ ✦

✦ ✦ ✦ ✦ ✦ ✦ ✦ ✦

Rondeau Burlesque.

POur te loüer moy fais vers drolement,
(Moy qui n'en fais, sinon par fondement :)
Car autrement moy ne puis reconnoistre
Tant d'amitié qu'à moy, toy fais paroistre :
Escoutes donc toy loüer grandement.

Toy fais bien vers, toy moult as iugement,
Toy ne fuis fille, & bois aucunement ;
Toy bon amy voudrois moy grand Poëte estre
    Pour te loüer.

Mais moy grand est, point ne fais compliment :
Car moy ne peux ; ains diray seulement,
Qu'il n'est plus vray qu'Aprentif n'est pas Mai-
    stre,
Puisque ton coup d'essay me fait connoistre,
Que moy n'ay pas assez d'entendement
    Pour te loüer.

ARGVMENT.

BAIAZET Empereur de Turquie, apres la deffaite de Zizim son frere, & vne paix generalle qu'il establit par tout son Empire, s'en vint à Andrinople chargé de dépouïlles ; triompher & iouyr du mauuais destin de ses ennemis. Mais comme son esprit défiant & soupçonneux au dernier point, ennemy de son repos, le pensant estre de son malheur, ne peut laisser vne paix à l'ame, que le corps s'estoit si heureusement procurée : il conçeut aussi-tost de l'ombrage de la fidelité d'vn certain nommé Geduces Achomat, Bassa, dont il auoit espousé la fille ; & par les soins genereux duquel il auoit gagné la Bataille

contre Zizim. Ses yeux furent bouchez à
l'éclat de ses vertus, & ses oreilles ouuer-
tes à tous les faux rapports qu'on luy faisoit de son infidelité. On a beau luy
monstrer les exploits fameux de ce grand
homme en leur lustre, il a deuant sa veuë
le bandeau fatal de la ialousie, qui l'empesche de connoistre des actions si parfaites
& si brillantes : Où ie diray auec plus de
verité que l'éclat des gestes guerriers d'A-
chomat l'esblouït : Et comme il n'a pas l'esprit assez clair-voyant pour penetrer à
fonds les iustes & genereux desseins, il en
considere seulement l'apparence & la su-
perficie ; il les regarde comme vne matie-
re, à l'ambition qu'il pense estre dans son
cœur, & non pas comme des conquestes
& des victoires qui formoient le soustien
de son Thrône florissant : Enfin de son
bon-heur il en conjecture sa perte, & la
ruine entiere de son authorité.

En cét estat il songe à se deffaire de Geduces, & pour plus facilement venir à bout

de ce qu'il a projetté, il se resout de traitter splendidement tous ceux qui s'estoient le plus signalé dans sa derniere victoire: L'on peut penser qu'Achomat ne fut pas absent de ce magnifique festin, puisque c'estoit pour sa perte qu'il auoit esté entrepris ; Il y fut donc en teste de tous les autres, & comme le Chef principal de cette Auguste trouppe: Là il fut permis de boire du vin (ce qui aduient rarement en Turquie.) Et ces illustres guerriers, peu accoustumez à boire de cette liqueur, n'en eurent pas pris chacun deux ou trois fois, que leur teste remplie & offusquée des vapeurs, les fit retirer pour se reposer chacun chez soy. A la sortie de ce superbe banquet, il fit presenter vne robbe d'escarlate à chacun des assistans , horsmis au pauure Achomat , qui receut vne robbe noire , presage asseuré de son malheur present. Sa conjecture ne fut point fausse ; l'Empereur le fait demeurer seul auec soy, & ayant fait quelque signal, se re-

é

tira, & le fit eftrangler par les Muets. Son
trefpas diuulgué à Andrinople, les Ianiffaires firent vne grande fedition, defirants
vanger vne mort fi injufte & fi honteufe;
& entr'autres l'Aga des Ianiffaires, grand
amy du deffunct, voulut foufleuer tous les
foldats contre Bajazet : mais le tumulte fut
eftouffé dans fon commencement, & ces
Azamoglans quitterent leur haine pour
rentrer en leur deuoir. Bajazet auoit eu
trois fils auant que d'efpoufer la fille d'A-
chomat ; à fçauoir Selim, Corchut, &
Achmet. Le premier d'vn naturel fort
ambitieux, prit occafion du trouble, & fe
foufleue contre l'Empereur, il refout de
l'attaquer dans Andrinople, pour le combattre auec plus de facilité, veu que là il n'a-
uoit pas fes plus grandes forces ; Bajazet
auerty de cette partie, ne perd point téps, il
va à Conftantinople tout droit, auant que
Selim eut peu leuer des gens de guerre, &
l'attend, auec refolution de le faire mourir
s'il gagnoit l'auantage fur luy. Son fou-

hait en partie fut executé, & Selim ayant
perdu la bataille, est contraint de chercher
son salut en fuyant, puisque dans sa pour-
suite il auoit pensé perdre la vie: Il s'en va
chez le Roy de Tartarie son beau-frere, où
pressé du remors de sa faute, il retourne à
Côstantinople, & se cache dâs la maison de
son frere Corchut, déguisé, pour mesna-
ger sa faueur aupres de l'Empereur. Voyla
ce qui precede ; le reste se lira peut-estre
plus agreablement dans les vers.

LES PERSONNAGES.

BAIAZET. { Empereur Turc, pere de Selim, de Corchut, & d'Achmet.

LA SVLTANE { Fille d'Achomat, femme de Bajazet.

SELIM.
CORCHVT. } Fils de Bajazet.
ACHMET.

IZAIDE. — Maiſtreſſe de Selim.

L'AGA DES IANISSAIRES. { Amy d'Achomat.

HALY. { Baſſa, grand amy de l'Aga des Ianiſſaires.

HEZEGOGLIS. — Baſſa, confident de Bajazet.

ESCLAVE DE SELIM.

ESCLAVE DE HALY BASSA.

LA SCENE EST AV SERRAIL, dans Conſtantinople.

LE

LE GRAND SELIM.

ACTE I.
SCENE I.

LA SVLTANE seule.

Age Dispensateur du bon & mau-
   uais sort,
Qui tiens entre tes mains & ma vie
   & ma mort ;
Souuerain Protecteur des ames af-
   fligées,
Toy, par qui dans leurs maux elles sont soulagées,
Et qui maistre absolu de nostre liberté
Disposes des mortels suiuant ta volonté :

As-tu donc resolu, pour croistre ma misere,
Que ie suruiue encore à la mort de mon pere,
Contrainte de baiser la main de son bourreau,
Et de benir le coup qui le mit au tombeau?
Ah! grand Dieu, fay plustost que ie quitte vne vie
Qui fomente les maux dont ie suis poursuiuie,
Et que pour satisfaire à ton iuste courroux
Ie paye le forfait que commit mon espoux:
Ma douleur par mon mal sera trop soulagée,
I'outrageray celuy qui m'auoit outragée,
Et par le doux effet d'vn dessein genereux,
Si ie cause vne mort, i'en sçauray vanger deux;
Baiazet qui verra l'excez de ma misere,
Par ses propres douleurs me sçaura satisfaire,
Ainsi parle regret qu'en conceura l'ingrat,
Ie vangeray la mienne, & celle d'Achomat
Mais, ô lasche dessein qui trouble ma pensée!
Trop indigne projet d'vne Reyne offensée,
Indigne d'vne fille & d'vn cœur irrité,
Et qui me fait rougir de l'auoir medité;
Perdray-ie le desir d'vne iuste vengeance?
Que demande Achomat de mon obeissance?
Seray-ie donc ingrate à qui ie dois le iour?
Faut-il que mon deuoir le cede à mon amour?
Reiettons ce dessein, il n'est pas legitime,
Y penser seulement c'est se souiller d'vn crime;

Faiſons pluſtoſt, mon cœur, vn complot genereux,
Qui ſans nous attriſter nous rende plus heureux,
Puniſſons Baiazet, perdons vn infidele ;
Dieu, que dis-ie, inſenſée : ah! pardonne à mõ zele,
Excuſe, cher eſpoux, l'excez de ma douleur,
Il eſt trop legitime en ce coup de mal-heur,
Ces premiers mouuemẽs ſont hors de ma puiſſance,
Ne t'irrite donc pas de mon peu de conſtance,
Si ie prens des deſſeins contre ta liberté,
Mon amour auſſi-toſt dement ma volonté,
Si ie fais quelques vœux qui te ſemblẽt contraires,
Helas! i'en fais aſſez qui te ſont ſalutaires ;
Et pour te teſmoigner ſi i'aime conſtamment,
Mon amour te ſuiura iuſques au monument :
Mais cherir vn tyran qui cauſa ma diſgrace,
Qui me rauit mon bien, qui deſtruiſit ma race ;
I'aymerois donc celuy qui commença mon deüil,
Ie ſerois en ſes bras, & mon pere au cercueil :
Non, qu'il meure, l'ingrat, objet de ma miſere,
Vange-toy par ſa mort de celle de ton pere ;
Quoy, tu tardes encore à faire ce deuoir ?
Mon bras, qui te retient ? n'as-tu pas le pouuoir
De faire vn ſi beau coup ? Ah! le laſche qui n'oſe,
L'amour ſelon ſon gré le conduit & diſpoſe :
Amour, cruel amour, tyran trop abſolu,
Permets-moy d'acheuer ce que i'ay reſolu,

Ne represente point à mon ame affligée
A quoy par vn Hymen elle s'est engagée,
Et ne me parle point pour finir mon courroux
En faueur d'vn ingrat, & d'vn perfide espoux :
Amour, si tu le fais tu te rends son complice,
Car de le proteger c'est approuuer son vice ;
Laisse-moy donc agir, & permets iustement
Que i'immole ce traistre à mon ressentiment,
Que ie le sacrifie aux manes de mon pere,
Et que pour satisfaire à ma iuste colere,
Ie perde l'infidele, & le priue du iour,
C'est ce que tu dois faire en ma faueur, Amour.
Oüy, mais cette faueur, ce nom de mariage
N'a-t'il pas satisfait à ce sensible outrage ?
S'il me donna sa main pour guerir ma douleur,
Dois-ie employer la mienne à faire son mal-
    heur ?
Non, ne punissons point par vne mort infame
Celuy qui tous les iours meurt pour moy par sa fla-
    me,
Et qui par les ardeurs d'vne sainte amitié
S'est donné tout à moy pour estre ma moitié :
Quel que soit le dessein que ma rage execute,
Qui m'esleua si haut est exempt de la cheute,
La force qu'il fit voir, m'y portant en ses bras,
Monstre qu'il n'en est point qui le renuerse à bas ;

Quittons pour nos parens des sentimens si ten-
    dres,
Le feu de nostre amour demande d'autres cendres,
Qu'vn bien-fait si puissant estouffe ma fureur;
Qui merita le corps, merite aussi le cœur:
Oublions vne mort qui causa ma misere,
Quiconque est nostre Prince, est aussi nostre Pere,
Et qui par tant d'amour se fait nostre Mary,
A droit aussi sur nous d'en estre seul chery:
O friuoles projets qui s'en vont en fumée!
Donc ie perdray celuy qui m'auoit tant aymée,
Ie perdray mon Seigneur, & manqueray de foy,
A celuy qui iamais ne la donna qu'à moy?
Injustes sentimens qui bourrellent mon ame,
Deuoirs pleins de rigueur qui destruisez ma fla-
    me;
Mais plus cruel amour dont vn secret pouuoir
Malgré tous mes efforts empesche mon deuoir:
Nature, amour, helas! que faut-il que ie face,
Quel remede trouuer pour finir ma disgrace?
Seray-ie sans amour, ou sans ressentiment
Pour mon pere Achomat, ou bien pour mon amant?
Helas! i'y suis contrainte, ô sort tousiours côtraire!
Ma foiblesse à tous deux ne peut pas satisfaire,
Et quoy que mon dessi soit de plaire à tous deux,
Il faudra neantmoins que l'vn soit mal-heureux.

SCENE II.

LA SVLTANE, L'AGA des Ianiſſaires.

LA SVLTANE.

Adame, l'Aga vient.

LA SVLTANE.

Sçachons ce qu'il deſire.

L'AGA.

Ie viens plaindre vne perte importante à l'Em-
　　pire ;
Madame, & dans le dueil dont ie ſuis abatu,
Suiure voſtre conſeil comme voſtre vertu ;
Ie ne puis, ie l'auoüé, en ce mal-heur extreſme,
Foible comme ie ſuis me conſoler moy-meſme,
I'aimois trop Achomat, pour eſtre à ſon tourment,
Sans beaucoup de douleur, & ſans reſſentiment.

LA SVLTANE.

Trop genereux amy, ta triſteſſe m'oblige,
Et puis que tu prés part au mal-heur qui m'afflige,

Ie sens mon déplaisir decroistre de moitié
Par vn si iuste effet que produit ta pitié,
Ie plains moins Achomat, puis qu'en cette mi-
　sere,
Malgré tous les efforts de son destin contraire;
Ie le vois regretter par vn de ses amis,
Mesme dans le cercueil, où son Prince l'a mis:
Si quelqu'autre, Achomat, t'auoit priué de vie,
Que tost pour te vanger il l'y auroit enuie;
Mais le sort mal-heureux qui creusa ton tom-
　beau
A fait aueuglément son Roy de ton bourreau,
Cette diuinité si lasche & si traistresse
A fait son bien-faicteur du tyran qui t'oppresse,
Et pour comble de maux n'a pas mesmes permis
Que tu fusses du moins vangé par tes amis.

L'AGA.

Madame, si ce bras peut vous rendre seruice,
Si vous auez dessein que Baiazet perisse,
Commandez seulement, & i'ose me vanter
Qu'auec facilité ie puis vous contenter,
Quelque-fidele amour que ie luy ay promise,
Ie me charge du soin de toute l'entreprise:
S'il faut suiure Achomat, ie quitte Baiazet,
Estant meilleur amy que fidele subjet;

Ie m'accorde, Madame, à vanger sa querelle,
La foy n'est que contrainte, & l'amour naturelle,
Et l'on peut pour ainsi suiure son naturel,
Renoncer à sa foy sans estre criminel :
Ne deliberez point sur ce dessein auguste,
Vn complot genereux est tousiours assez iuste,
Et pour vous inciter à ce noble attentat,
Considerez que c'est pour vanger Achomat,
Celuy qui pese trop l'injure qui l'offence,
Auec son ennemy se fait d'intelligence,
Et se rendant apres auoir bien combatu,
Dedans l'eau de ses pleurs estouffe sa vertu :
Songez au grand Bassa de qui vous estes née,
Bien-tost vostre douleur se verra terminée,
Pensant à son courage en receuant la mort,
Le vostre à le vanger deuiendra bien plus fort ;
Gemir, voulant pour luy produire vn tel ouurage,
C'est plustost l'irriter que punir cet outrage,
Et ce n'est qu'à demy le vanger d'vn tyran,
Que de laisser couler des pleurs parmy son sang :
Madame, pour finir cette extresme misere,
Soyez luy prompte ainsi qu'il fut à vostre pere,
Comme qui donne tard n'est pas vn bon amy,
Qui punit tard aussi ne punit qu'à demy,
Vostre vangeance doit égaler sa malice,
Dãs son crime il fut prõpt, soyez prõpte au supplice.

LA

LA SVLTANE.

Ne vien point remuer d'vn soin industrieux,
La cendre d'Achomat pour aueugler mes yeux,
Vn Prince à son subjet ne fait iamais d'injure,
Et l'on ne peut l'aimant offenser la nature :
Le subjet doit souffrir vn tourment sans égal
Qui croit que comme luy son Roy peut faire mal :
Et lors plus que iamais nous deuenons coupables,
Quand nous les estimons nous estre ainsi sem-
blables.

L'AGA.

Voulez-vous donc traitter comme Diuinité
Celuy qui pour l'horreur quitte l'humanité ?
Et doit-on appeller sa cruauté iustice,
Parce qu'on ne sçauroit luy donner de supplice ;
Non, Madame, prenez des sentimens plus doux,
Les Roys dans leur éclat sont mortels comme nous :
Si Dieu comme à ses fils leur donne sa puissance,
Aussi desire-t'il qu'ils soient dans l'innocence :
Et quand leur rage fait des crimes infinis,
C'est par nous seulement qu'il les veut voir pu-
nis.

B

LA SVLTANE.

Mais genereux Aga, que veux-tu que ie fasse,
Quoy que pour s'asseurer il ait détruit ma race,
Ie me souuiens tousiours qu'il me donna sa foy,
Que ie luy dois la mienne en qualité de Roy;
Qu'il est mon souuerain, & qu'à present il m'ai-
me,
Puisque de son amour ie tiens le Diadesme.

L'AGA.

Mais aussi cét honneur, il le tient d'Achomat,
C'est luy seul qui tousiours conserua son Estat,
Luy seul fut son soustien, & sans son assistance
Les Musulmans passoient sous vne autre puis-
sance:
Cependant cét ingrat en sortant du festin,
Fit trancher d'Achomat le malheureux destin.
Et malgré nos efforts des infames supplices
Firent sa recompense, apres tous ses seruices.

LA SVLTANE.

Il m'en souuient aussi, mais mon iuste courroux
Ne peut auoir d'effet contraire à mon espoux,
Tousiours vn si beau nom reuient en ma pensée
Combattre les regrets de mon ame offensée,

Et quelque grand deſſein que i'aye à le punir,
Il s'efface auſſi-toſt par ce doux ſouuenir.
Quand ie ſonge à l'ardeur qui par de ſainctes fla-
    mes
En vniſſant nos corps vnit auſſi nos ames,
Et qui mit deux eſprits dedans vn meſme cœur,
Il faut que malgré moy ie quitte ma rigueur.

L'AGA.

Ce nœud eſt-il plus fort que celuy de nature,
Pour vous faire ſi toſt oublier vne injure?
L'intereſt d'vn ingrat parce qu'il eſt amant,
Vous touche-t'il plus fort que celuy d'vn parent?
Aimez-vous Achomat auec moins de tendreſſe
Que vous n'en témoignez pour celuy qui l'oppreſſe?
Où ſi par vn deſſein injuſte & genereux,
Pour n'en hair pas vn vous les aimez tous deux?
Aimez-vous Achomat auec ſon homicide?
Aimez-vous l'innocent auecques le perfide?
Non vous ne le pouuez, puis qu'il n'eſt pas permis
De partager l'amour entre deux ennemis.
Comme vn ſubjet ne peut ſouſtenir deux contrai-
    res,
Le cœur ne peut auſſi ſouffrir deux aduerſaires:
Et quand il veut aimer, il prend les intereſts
Dt celuy dont l'honneur le touche de plus prés.

Mais pour suiure vn tyran vous delaissez vn pere,
Songez, que tost ou tard, il luy faut satisfaire.

LA SVLTANE.

Comment donc cher Aga?

L'AGA.

Ie vous l'ay desia dit,
Perdez auec honneur celuy qui le perdit :
Ainsi vous punirez celuy qui vous offense,
Et d'vn affront sanglant vous prendrez la ven-
geance.

LA SVLTANE.

Quel conseil est le tien pour vn cœur amoureux ?

L'AGA.

Vn conseil qui doit rendre vn pere plus heureux.

LA SVLTANE.

Vn conseil qui m'instruit à perdre ce que i'aime.

L'AGA.

A perdre qui vous nuit,

LA SVLTANE.

A me nuire moy-mesme.

Non, Bajazet mourant ne peut le soulager;
Achomat n'aime point ce qui peut m'affliger.

L'AGA.

Mais deuez-vous aimer vn qui vous deshonore,
Vn tyran qui vous perd ?

LA SVLTANE.

Luy-mesme ie l'adore.

L'AGA.

Il vous rauit vn pere.

LA SVLTANE.

Il le mit au tombeau.

L'AGA.

Il fut son ennemy.

LA SVLTANE.

Dis qu'il fut son bourreau;
Mais cependant ie l'aime, & ce nom d'Himené
A chassé la fureur qu'vn trespas m'a donnée;
Ie ne puis m'en dédire, & mon affection
Fait comme mon plaisir; toute ma passion.

B iij

L'AGA.

Ah! Madame, escoutez la voix de la nature.

LA SVLTANE.

Elle mesme me guide en cette procedure.

L'AGA.

Suiuez donc son conseil, punissez vn ingrat,
Perdez vn infidelle, & vangez Achomat.

LA SVLTANE.

Mais le puis-je vanger en commettant vn crime?

L'AGA.

La vengeance d'vn pere est tousiours legitime;
Si ce iuste conseil offense vostre amour,
Songez que l'on doit tout, à qui l'on doit le iour.

LA SVLTANE.

Il est vray l'on doit tout à qui l'on doit la vie,
Aussi ie cede enfin à son illustre enuie,
Et me repens desia d'auoir tant combatu,
Les iustes sentimens qu'inspire la vertu.
Mais pour mieux reüssir dedans cette entreprise
Elisons prudemment vn Chef qui l'authorise;

Enuoyons à Selim quelque courrier exprés,
Luy dire que la trame est pour son interest.
Que nous voulons punir vn tyran qui l'oppresse,
Et pour ce seul dessein nous ioindre à sa foiblesse,
Qu'il vienne, & que bien-tost par vn ordre noueau
Il sera dans le Throne, & son pere au Tombeau.

L'AGA.

Mais de peur qu'vn soupçon dans son ame incer-
taine,
Ne trompast nostre attente & ne la rendit vaine,
Cherchons de ses amis, dont la sincerité
L'asseure du complot, & de fidelité.
I'y vais, & pour plustost auancer nos affaires,
I'entretiendray tousiours l'humeur des Ianissaires,
Ils sont desia portez à la sedition,
Ayant pour Bajazet beaucoup d'auersion.

SCENE III
LA SVLTANE seule.

Mesprisons ces honneurs, & ce beau nom
  de femme,
Le feu de ma colere est plus fort que
  sa flame :
C'est luy qui d'Achomat esteignit le flambeau,
Et du Thrône où ie suis ie vois mieux son tom-
  beau.
Cher pere si du Ciel tu peux ouïr mes plaintes
Pardonne si l'amour m'a donné ces atteintes ;
Les douleurs de mon cœur, lors qu'il a combatu,
Mont bien puny d'auoir negligé la vertu.
Ouy genereux Aga, ie suiuray ta pensée,
Dans la mort d'Achomat ie suis trop offensée :
Et lors que Bajazet manqua pour luy de foy,
Ce traistre monstroit bien qu'il s'attaquoit à moy.
Il voulut me rauir la moitié de moy-mesme,
Pour me recompenser apres d'vn Diadesme,
Mais me donnant ce Sceptre, il ne m'a rien donné,
Puisque c'est Achomat qui l'auoit couronné.

Il

Il m'a fait seulement par vn procedé rude
Vn present du subjet de son ingratitude,
Et loin de mettre fin à toutes mes douleurs,
Pensant me consoler, m'a fait verser de pleurs.
Il m'a fait, le tyran, en m'offrant la Couronne,
Achepter par le sang, ce que le sang me donne.
Monstre qui ne m'est plus qu'vn triste objet d'hor-
reur.
Pour qui i'ay moins d'amour que ie n'ay de fureur,
Embrasse desormais quelque horrible Megere
Auec tes bras sanglants du meurtre de mon pere.
Presente en ton Serrail & tes vœux & ta foy
Aux larcins d'vn Corsaire aussi lasche que toy.
Ne viens point me donner en ta brutale enuie
Des enfans dont ie dois hayr desia la vie,
Si tu ne veux vn iour pour finir mes tourmens
Venir trouuer la mort en mes embrassemens.

C

SCENE IV.

CORCHVT, LA SVLTANE.

CORCHVT.

Vel eſt donc l'accident qui vous met en
colere ?

LA SVLTANE.

I'en ay trop de ſubjet ; apres la mort d'vn pere
Peut-on auoir l'eſprit iuſtement en repos ?
L'image de ſa mort me trouble à tout propos,
Sans ceſſe il m'en reuient vne idée importune,
Qui trouble mes plaiſirs & ma bonne fortune.

CORCHVT.

Mais vous trouuez auſſi dans l'amour d'vn eſpoux,
Pour vous en conſoler des moyens aſſez doux.

LA SVLTANE.

Des moyens aſſez doux, ah ! Corchut au cōtraire,
Peut-il me conſoler ayant tué mon pere ?

CORCHVT.

Qui vous a fait du mal vous en pourra guerir.

LA SVLTANE.

Ce sera donc Corchut en me faisant mourir,
La perte que i'ay faite estant irreparable,
La mort seule à mes maux peut estre secourable.

CORCHVT.

Peu de monde en la mort a rencontré son bien.

LA SVLTANE.

Peu de monde a senty du mal comme le mien.
La mort aux plus heureux est vn pas difficile,
Mais c'est des malheureux le veritable Azyle,
C'est par son seul moyen qu'ils sont en seureté.

CORCHVT.

Ouy lors que le malheur est à l'extremité,
Mais.....

LA SVLTANE.

Mais le mien est tel estant irreparable.

CORCHVT.

Mais il ne tient qu'à vous d'estre moins miserable,

Oubliez Achomat, & quittez voſtre ennuy,
Ayez plus de bonté pour vous, & moins pour luy:
Qui peut vous affliger eſtant Sultane-Reyne ?
Mais c'eſt trop vous cacher le deſſein qui m'a-
    meina;
Sçachez donc que Selim viét d'arriuer chez moy.
Et qu'eſtant reſolu d'aller trouuer le Roy,
Il a touſiours encor differé de le faire,
Voulant vous conſulter auant ſur cette affaire.
C'eſt dont il m'a prié de vous venir parler.

LA SVLTANE.

Sur ce point important ie veux le conſeiller,
Où pourray-je le voir ?

CORCHVT.

              Dedans le Serail meſme.

LA SVLTANE.

Ie luy veux auiourd'huy monſtrer combien ie l'ai-
me.
Ie l'y verray tantoſt, allez l'en auertir.
Mais viſte, s'il vous plaiſt;

CORCHVT.

              Madame, il va venir.

SCENE V.

LA SVLTANE seule.

Qvand nous sçauons choisir des projets
     legitimes ,
Le Ciel discerne bien la justice des
    crimes.
Et pour lors qu'aux vertus nostre
ame donne accés ,
Il destine à nos vœux de prosperes succés.
Ceux qui font dés souhaits que le Ciel authorise ,
Peuuent bien s'asseurer d'vne heureuse entreprise ;
Pour voir vn bon dessein bien-tost executé ,
C'est assez seulement de l'auoir medité.
Lors que i'ay resolu la mort d'vn temeraire,
Le Ciel la voyant iuste escoute ma priere ;
Et pour executer cette belle action ,
M'en fait en vn instant naistre l'occasion.
Luy mesme il prend le soin de punir vn perfide ,
Espere donc mon cœur ayant vn si bon guide ,
Espere reüssir à ton contentement ,
Si la fin peut répondre à son commencement.

Mais en dois-tu douter, ton dessein estant iuste?
Non, c'est trop offenser cette Puissance Auguste:
Crois plustost voir sanglant le corps de son bour-
reau,
Ton vangeur dans le Thrône, & luy dans le tom-
beau.

ACTE II.

SCENE I.

CORCHVT, SELIM.

CORCHVT.

DEVX pensers differents dont mon
  cœur est la proye.
Me donnent de la crainte autant
  que de la joye.
Mon esprit agité de ces deux passions,
Nage dans les plaisirs & les afflictions.
Ie crains pour toy Selim, comme pour toy i'espere,
Des soins d'vne Sultane, & des bontez d'vn pere.
Mais i'apprehende fort en cette extremité
La vengeance d'vn Prince, & sa seuerité.
Si pour flatter mes soins i'espere en sa clemence,
Sa colere aussi-tost confond mon esperance,

Et parmy les ennuis dont mon cœur est preßé,
Ie songe qu'il est bon, mais qu'il est offensé.
Et que peut la bonté dans vne ame irritée ?
C'est vn vif aiguillon dont elle est excitée
A punir vn forfait dans ses meilleurs amis,
Auec plus de rigueur que sur ses ennemis.
Si pour son fils vn pere a de l'amour extreme,
Ainsi que son amour sa haine l'est de mesme ;
Iamais il ne hayt, ou bien n'aime à demy :
Et quand il n'aime pas, il est grand ennemy.

SELIM.

Dans l'estat où ie suis i'aurois droit de me plain-
　　dre,
Si tout ce que ie vois ne m'empeschoit de craindre:
Bajazet est mon pere, il sçaura pardonner
Au fils qui ne pecha que pour se couronner.
Les Princes genereux, quand nous rendons les ar-
　　mes,
Espargnent nostre sang, & reçoiuent nos larmes :
Du Thrône qu'vn Tyran vouloit voir abbatu,
Ils en font vn Autel à leur propre vertu.
Ils ne recherchent point de plus rude vengeance,
Que de nous faire voir quelle estoit nostre offense.
Et tout nostre supplice, ayant manqué nos coups,
Est d'en estre cheris bien souuent malgré nous.

Quand

Qui demande pardon selon cette maxime,
Fait mourir son supplice aussi bien que son crime.
Et lors sans conceuoir des proiets inhumains,
Vn Roy laisse tomber la foudre de ses mains.
La bonté fait en eux bien plus que la puissance,
L'vne fait la terreur, l'autre l'obeissance.
Et mettant en leurs cœurs des effets differents,
L'vne les rend des Dieux, & l'autre des Ty-
    rans.
La bonté ce dis-tu, mere de la iustice,
Dans ses propres amis recherche plus le vice :
Mais celle-là merite vn renom Eternel,
Qui fait mourir le crime, & viure vn criminel.
La vertu rigoureuse agit comme ces Princes
Qui pour estre absolus desolent leurs Prouinces,
Enfin qui des méchans extermine l'erreur,
S'il les punit est bon, s'il les change est meilleur :
Mais que ne dois-je pas esperer de mon pere,
Ce qui fait grand mon crime, est-ce pourquoy i'es-
    pere ?
Il me reconnoistra pour son fils, & ses coups
Passeront sur ma teste embrassant ses genoux.
Dans le ressentiment qu'il a de mon outrage,
Ses mains auront horreur de rompre son image :
Voyant qu'en mon dessein ie n'ay pas esté seul,
Il excusera lors ce que fit mon ayeul.

D

Il verra bien quel est l'éclat d'vn Diadesme,
Que s'il eust peu faillir, il eut failly de mesme ;
Que le Thrône où l'on voit les Princes Ottho-
mans,
Content pour leurs degrez, leurs propres monu-
ments ;
Enfin reconnoissant si ie luy fus rebelle,
Que nostre nature est d'agir ainsi contr'elle,
Il ne punira pas comme vn vsurpateur,
Celuy qui ne voulut qu'estre son successeur.

CORCHVT.

Qui demande pardon, selon cette maxime,
Fait voir qu'il a luy mesme horreur pour vn tel cri-
me,
Et lors pour seurement establir ses desseins
Vn Roy laisse tomber la foudre de ses mains.
Les Princes en ce point prennent pour impuissance
Les mouuemens qu'en nous produit la repentance,
Et bien loin d'adoucir leurs rudes chastimens,
Ne trouuant plus d'obstacle, ils croissent nos tour-
ments.
Pour punir ce forfait leur passion est telle,
Qu'ils hazardent l'Estat que pretend le rebelle,
Et s'ils ont pardonné, c'estoit pour regner mieux
Sur ceux qui ne pouuoient se releuer contr'eux.

Quel que soit leur éclat dedans leur humeur som-
bre,
Qui s'en approche trop aussi-tost leur fait ombre,
Le Sceptre est dans leurs mains, plus pour leur seu-
reté
Que comme dans vn lieu propre à sa Majesté;
Et quelque grand malheur que le Ciel leur appre-
ste,
La Couronne en leur cœur tient bien plus qu'en leur
teste.
Conuertir les méchans vaut mieux que les punir?
Ouy bien; mais c'est alors qu'on se peut maintenir.
Celuy qui fait mourir le méchant qui l'irrite,
Fait ruiner la place où la reuolte habite,
Et montre tant d'horreur pour ce crime odieux,
Qu'il n'ê laisse pas mesme vne marque à nos yeux.
Mais quoy, que peux-tu donc esperer de ton pere?
Par où ton crime est grand, par là ie desespere.
Il te reconnoistra pour son fils, & ses coups
Tomberont sur ta teste embrassant ses genoux.
Dans le ressentiment qu'il a de ton outrage,
Il ne souffrira pas cette imparfaite image:
Il te fera, voyant qu'il ne sera pas seul,
Ce qu'Amurat voulut faire enuers ton ayeul.
Il verra bien quel est l'éclat d'vn Diadesme,
Donc de ce qu'il fera sois le Iuge toy-mesme.

Il verra que le Thrône où sont les Otthomans
Conte pour ses degrez leurs propres monuments :
Enfin reconnoissant comme tu fus rebelle,
Que nostre nature est d'agir ainsi contre elle.
Il punira son fils, comme vn vsurpateur
Qui desira trop tost d'estre son successeur.
Adieu, Selim, Adieu, mais crains que ton cou-
    rage
Ne serue à Bajazet pour vanger ton outrage ;
Lors que la foudre gronde il la faut éuiter ;
Ne s'en esloigner pas c'est bien la meriter.

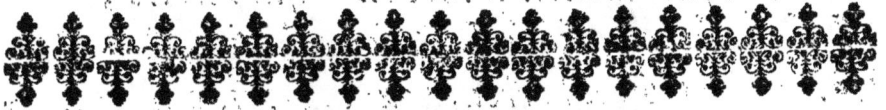

SCENE II.

SELIM seul.

Imprudente chaleur d'vne ame audacieu-
    Et trop ambitieuse,   (se,
    A quel point reduis-tu mes iours ?
Faut-il estre contraint de chercher vn Azyle
    Contre ceux dont l'accés facile
Deuoit estre à mes maux vn asseuré secours ?

I'ay par mille trauaux excité la tempeste,
      Et i'expose ma teste
        Pour destruire ce que i'ay fait ;
Et peut-estre il faudra que ie fasse naufrage,
        Pour appaiser ce grand orage
Dont le mal que ie sens est le funeste effet.

❦

Ie pensois me tracer vn chemin à la gloire,
      Et par vne victoire
        Me combler de ioye & d'honneur ;
Mais ie voy que le Thrône où m'esleue l'audace,
        Est le Thrône de ma disgrace,
Et que i'y suis vaincu, pensant estre vainqueur.

❦

Qui peut voir les écueils que ta haine luy dresse,
      Trompeuse enchanteresse,
        Et resister à ton pouuoir ?
Celuy qui connoistroit les maux où tu l'engages,
        Verroit au trauers des nuages
Ce qu'au milieu du iour on peut à peine voir.

❦

Tu t'efforces tousiours d'imiter ton contraire,
Et tasches de nous plaire,
Par tes attraits faux & trompeurs.
Mais la rose se cache au milieu des espines,
Et toy qui contre nous t'obstines,
Tu caches vne espine au milieu de cent fleurs.

❦

O funeste desir! autheur de ma misere,
Qui fais armer le fils contre l'honneur du pere :
Infracteur de la paix, & des plus sainctes loix,
Qui regnes en l'esprit des subjets & des Roys.
Ennemy du repos & de l'obeyssance,
Regarde où m'a reduit ta funeste puissance,
Sors de mon cœur tyran, & cede à mon deuoir
L'empire qu'y tenoit ton injuste pouuoir.

❦

SCENE III.

SELIM, L'ESCLAVE de SELIM.

L'ESCLAVE.

IE venois t'aduertir que la Sultane Reyne
Te demande, Seigneur.

SELIM.

Elle prend trop de peine;
Ie vais la receuoir.

SCENE IV.

SELIM, LA SVLTANE.

SELIM.

Mais ô Dieu la voicy.

LA SVLTANE.

Enfin i'ay le bon-heur de te reuoir icy.

SELIM.

Madame vous voyez ce Prince miserable,
Que trop de libertez, ont rendu detestable,
Et qui prest auiourd'huy de terminer ses iours,
Vient chercher son salut dedans vostre secours.

LA SVLTANE.

Il le peut mieux trouuer en son propre courage,
Et de m'offrir à luy, c'est luy faire vn outrage.

SELIM.

Mon courage pourroit me mettre en seureté ;
Luy qui dans mes malheurs m'a seul precipité,
Qui m'a fait l'ennemy de toute ma Patrie.

LA SVLTANE.

Mais dites bien plustost qu'il vous sauue la vie ;
Qu'il vous fait respirer ; que vous estes sans fers,
Et seul exempt des maux que nous auons souf-
ferts.

SELIM.

Moy seul exempt de fers, moy seul exempt de
peine,
Qui d'vn Roy, qui d'vn pere ay merité la haine :
Ah !

Ah! Madame.....

LA SVLTANE.

Ouy vous seul, puisque son amitié
Vous nuiroit au de-là de son inimitié.
Ignorez-vous encor les faueurs de ce Prince,
Et des crimes connus à toute la Prouince ?
Que disie, ignorez-vous ce que tout l'Vniuers
A sceu dans les trauaux qu' Achomat a soufferts ?
C'est-là de Bajazet l'ingrate recompense ;
Ce sont là ses faueurs & sa reconnoissance.
S'il fait ces traittemens à ceux qui l'ont seruy,
Que ne fera-t'il point à ceux qui l'ont trahy ?
Qu'attendrez-vous Selim de cette ame barbare,
Où le vice est commun, & la vertu si rare ?

SELIM.

I'attendray mon pardon, ou bien mon chastiment.

LA SVLTANE.

Attendre son supplice ? indigne sentiment !
Conuertissez plustost cette amour en furie,
Et perdez vn Tyran pour sauuer la Patrie.
Ie m'offre à vous seruir, Selim, que craignez-
vous ?
Assouuissons sur luy nostre iuste courroux,

E

Vangeons noſtre pays, vangeons noſtre miſere.

SELIM.

Voulez-vous eſprouuer ſi i'aime encor mon pere?
Madame, ces diſcours ſont icy ſuperflus,
Si ie l'ay mépriſe, ie ne m'en ſouuiens plus :
Ou ſi ie m'en ſouuiens, c'eſt pour pleurer mon cri-
me,
Et faire le deuoir d'vn fils plus legitime :
C'eſt-là le ſeul ſubjet qui m'ameine vers luy,
Et non pas le deſſein de croiſtre ſon ennuy.

LA SVLTANE.

Donc à ce que ie vois vous me croyez trompeu-
ſe?

SELIM.

Non, mais ie connois trop voſtre ame vertueuſe,
Et combien cherement vous aimez voſtre eſpoux.

LA SVLTANE.

Ie jure par le Dieu que nous adorons tous,
Par l'ame d'Achomat, que ie parle ſans feinte ;
Croyez-moy dõc Selim, n'ayez point cette crainte ;
Ie n'ay point ce deſſein, & i'aime trop l'honneur
Pour tenir vn diſcours menſonger & trompeur :

Il faut vanger Selim, le pays eſt vous-meſme,
Il faut nous vanger tous ;

SELIM.

ô perfidie extreme !
LA SVLTANE.

Quoy vous refuſez donc ainſi d'y conſentir ?
Vous aimez mieux vſer d'vn lâche repentir,
Pour rentrer au Serrail, & ſauuer voſtre vie,
Que de vous affranchir de cette tyrannie ?
Et vous vous expoſez à l'infame treſpas,
Pour obtenir vn bien que vous n'obtiendrez pas.
Sçachez (mais le diray-je) oüy ie vous veux tout
*   dire,*
Quoy que vous refuſiez de proteger l'Empire,
Que loin de vous ſauuer, loing de vous ſecourir,
Le Tyran veut vous perdre, & vous faire mourir :
Il veut par vn poiſon abreger voſtre vie.

SELIM.

Il le peut iuſtement s'il en a quelque enuie,
Ie l'ay trop merité.
LA SVLTANE.

Quel lâche ſentiment ?
SELIM.

Ie vous le dis encore, il le peut iuſtement,

Ie l'ay trop merité.

LA SVLTANE.

Respects illegitimes!
Quoy s'il vous veut punir.....

SELIM.

Il le peut pour mes crimes.
Que disie, il le doit mesme.

LA SVLTANE.

Ah trop lâche dessein!
Ie porteray plustost vn poignard dans son sein,
Que de souffrir iamais vn si triste spectacle.
Ouy Selim, ouy moy seule, y seruiray d'obstacle.
Ie voulois vous ceder vn si rare bon-heur,
Mais vostre ame n'a pas des sentimens d'honneur.
Vous n'auez pas assez de mouuemens de gloire,
Vostre nom auroit peur de viure dans l'Histoire;
Vous aimez mieux la mort, mais ie la preuien-
*   dray;*
Et deussay-je auec luy perir, ie le perdray.

SELIM.

Madame, permettez que ie vous fasse entendre,
Quelle iuste raison m'oblige à le deffendre;

Escoutez mes raisons, apres condamnez-moy
Si i'ay mal procedé: Madame, il est mon Roy:
Diray-je encore plus, Madame, il est mon pere,
Et malgré mes raisons & sa iuste colere,
Si ie veux estre iuste il luy faut obeyr,
Et receuoir ses loix au lieu de le trahir:
Dois-je pas ces respects à qui m'a donné l'estre?
Il est tousiours mon Prince, & mon Pere, & mon
    Maistre:
Moy ie suis son subjet: & s'il m'a mal traitté,
Ma peine estoit bien deuë à ma temerité.
Quand de luy sous ses loix ie receus la naissance,
N'auoit-il pas sur moy cette entiere puissance,
De me faire sentir les maux que i'ay soufferts?
De me faire mourir, ou de me mettre aux fers.
Ouy, cependant, Madame, il me laissa la vie,
Et parce que deslors il ne l'a pas rauie,
Mais qu'il l'a conseruée auec tant de bonté,
Dois-je perdre la sienne auecques lâcheté?
Nous n'auons aucun droit sur le salut des autres;
Disposons seulement des choses qui sont nostres:
C'est aux Roys de vouloir, c'est à nous d'obeyr,
Et quiconque est subjet ne les doit point trahir.

LA SVLTANE.

Ce n'est pas les trahir, Selim, c'est nous deffendre,
Pour sauuer son pays on peut tout entreprendre,

Et personne ne doit mesme espargner son sang,
Quand il est question d'opprimer vn Tyran.
Mais loin de pratiquer vne vertu si rare,
Vous perdrez le pays, pour sauuer vn Barbare:
Et par les sentimens d'vne fausse vertu,
Vous serez vn degré de ce Thrône abbatu.
Ah! Selim, que ce soit pour sauuer la Patrie,
Que vous hazarderez vne si belle vie:
Si vous voulez mourir, que ce soit pour l'Estat,
Et perdez-vous du moins par vn noble atten-
tat.

SELIM.

Sauuons-le, sauuons-nous, Madame, ie vous ce-
de,
Ie veux à vos malheurs apporter du remede,
Ie suiuray mon honneur si ie suy mon deuoir,
Et ie l'affranchiray d'vn injuste pouuoir:
Mais pour mieux reüssir, il ne faudroit pas taire
Ce secret important à Corchut mon cher frere,
Son esprit est puissant, il est pour tout oser,
Il faudra peu d'efforts pour l'y bien disposer:
Car comme par l'amour nos ames sont vnies,
Il n'aime pas l'autheur de tant de tyrannies;
Et le soin que tantost il témoignoit de moy,
Me montre qu'il n'est pas trop porté pour le Roy,

LA SVLTANE.

En effet, ie m'en vais luy propofer l'affaire;
Remuez, cependant l'efprit du Ianiffaire,
Et fongez, qu'il nous faut emprunter auiourd'huy,
Quelque bras eftranger qui nous ferue d'appuy.

SCENE V.

SELIM feul.

E ne t'efcoute plus, ô voix de la nature.
T'efcouter en ce point c'eft te faire vne in-
jure:
Car parlant pour vn Roy qui trahit fon pays,
Par toy mefme ton ordre & tes droits font trahis.
L'illuftre qualité de parent m'eft bien chere;
Mais i'aime plus l'Eftat que ie n'aime mon pere.
Ie verferay fon fang par de iuftes proiets,
Puis qu'il ne paroift pas celuy de fes fubjets.
Quand dedans ce deffein i'expoferois ma vie,
Monftre ta dignité te doit eftre rauie.
Par ton fang refpandu ie feray couronné,
Pluftoft que par celuy que tu m'auras donné.

Grand Dieu dont la vengeance est tousiours
   prompte au crime,
Fais voir en ce dessein le motif qui m'anime,
Et si c'est se soüiller de quelque lâcheté
De briser ton portrait qui n'a pas ta bonté.

SCENE VI.

L'AGA DES I. HALY L'ESCLAVE DE HALY.

L'AGA.

*M*Aïs sçais-tu que c'est luy?

HALY.

      Ne t'en mets plus en peine.

L'AGA.

Quoy tu l'as veu parler à la Sultane Reyne?

HALY.

Chez le Prince Corbut,

L'AGA.

      Ne te trompes tu point?

HALY.

L'esclaue que voicy t'en sera le témoin.

L'ESCLAVE.

L'ESCLAVE.

Ouy Seigneur, c'est Selim, ie sçay que c'est luy-mesme.:

L'AGA.

O bon-heur sans pareil! felicité supresme,
Il est de mon deuoir de l'aller visiter:
Pardonne cher amy si i'ose te quitter.

Il sort.

HALY.

Pourquoy si promptement luy veut-il quelque chose?
Ne sçais-tu.....

L'ESCLAVE.

       Ie ne puis en deuiner la cause,
I'ay veu dans vn instant dissiper son ennuy:

HALY.

I'essayeray tantost à sçauoir tout de luy.

E

ACTE III.

SCENE I.

HALY, L'AGA.

HALY.

I'APPROVVE ce party, mais
  touchant l'entreprise,
Comme un de tes amis, i'ay peur d'v-
  ne surprise,
  Et i'apprehende fort qu'un causeur
indiscret
N'évente imprudemment cét important secret:
Sur le moindre soupçon il y va de la teste,
Esuite sagement cette grande tempeste,
Et ne t'embarque point inconsiderément
Dans un si grand danger.

L'AGA.

Ie songe incessamment

A tes fortes raisons : mais lors que i'y médite,
Vn mouuement secret à me vanger m'excite,
Et combat mon esprit par tant d'inuentions,
Qu'aisément ie succombe à ces intentions :
Qu'aussi-tost ie consens à cette illustre enuie,
De me sacrifier au bien de ma Patrie ;
De prendre le party de son Liberateur,
De chasser vn Tyran, de suiure vn Empereur ;
De perdre Bajazet par vn iuste supplice,
Et de suiure Selim, pour suiure la justice.
Quoy qu'il puisse arriuer, mon bon-heur est parfait,
Et mesme si ie meurs ie seray satisfait :
Car quel destin plus beau, quel plus digne d'enuie,
Que de rendre sa mort vtile à la Patrie ?
Cher Bassa, neantmoins quand nous serions trahis,
Nostre plus grand mal est mourir pour le pais.
Que ce malheur est beau, que doux sont ces suppli-
Et qu'vne telle mort est pleine de delices ! (ces ;
Bon Dieu qu'elle a d'appas pour vn cœur genereux,
Puisque c'est le moyen qui le peut rendre heureux !

HALY.

Quel bon-heur est celui dont tu fais tant d'estime ?
Appelles-tu bon-heur le chastiment d'vn crime ?
Et si l'on veut punir ton infidelité,
Beniras-tu ce fruict de ta temerité

L'AGA.

Lors que ie m'engageay si fort dans cette affaire,
Ie pensay meurement à ce que i'allois faire;
Ce fut de sens rassis, non point auec chaleur,
Ie consideray lors le bien & le malheur:
Que tout mal en ce cas m'estoit bien supportable,
Et qu'vne telle mort m'estoit trop honorable.

HALY.

Par fois nous estimons facile à supporter
Vn mal dont le penser ne peut nous rebuter.

L'AGA.

Mais amy, cette mort ayant vne autre cause
Que l'infidelité que ton esprit suppose,
Ce seroit sans raison qu'vn triste repentir
Vint troubler mon repos d'vn nouueau déplaisir,
Et cette cause enfin est autre que tu penses.

HALY.

Non elle ne l'est pas du moins aux apparences:
Et c'est aussi pourquoy ie plaindrois ton trespas
Mourant pour le pays, qu'on ne le sçauroit pas:
Que tu mourois ainsi sans donner connoissance
De tes intentions, & de ton innocence;

Que le peuple diroit pour tout remerciment,
Il meritoit assez vn pareil traittement.

L'AGA.

Tu crois donc que la mort qui ne me peut déplaire,
Trouue sa recompense en l'esprit du vulgaire.
Selon ses sentimens, que ie suis genereux,
Et que sans son regret ie serois malheureux.
Non, ce n'est pas de luy, c'est d'vne autre puissance,
Que dépend mon bon-heur, comme ma recōpense,
C'est de Dieu seul, amy, que ma felicité
Dépend absolument : mais c'est trop disputé,
Bajazet est Tyran indigne de la vie ;
Moy ie suis Protecteur du bien de ma Patrie,
Ie l'aime, & c'est assez pour te faire sçauoir
Qu'vn Tyran doit mourir si ie suis mon deuoir.
Ce Monstre tout sanglant n'est digne que de hai-
    ne ;
Outre que l'interest de la Sultane Reyne
M'oblige à le punir de la mort d'Achomat ;
Ie veux en la vengeant, vanger aussi l'Estat.
Quiconque aime vn Tyran est indigne de viure ;
Regarde seulement si tu voudrois nous suiure,
Ie vay reuoir Selim : Dy-moy donc prompte-
    ment
Quel est sur ce subjet ton dernier sentiment.

HALY.

Ie te ſuiuray par tout, ſi tu veux le permettre;
Mais l'executiõ, à quel temps la remettre.

L'AGA.

Ie n'en ſçais encor rien, Selim... Mais le voicy:
De grace, cher amy, retire-toy d'icy,
Ie veux l'entretenir vn peu ſur cette affaire.

SCENE II.

SELIM, L'AGA.

SELIM.

 Dieu!

L'AGA.

Seigneur, vn mot;

SELIM.

Vaſi tu me veux plaire;

De grace laisse-moy m'entretenir tout seul.

L'AGA.

Quel fâcheux accident luy donne tant deüil.

SELIM.

Mais parle promptement, que me voulois-tu dire?

L'AGA.

Ce que i'ay fait Seigneur, en faueur de l'Empire,
I'ay.....

SELIM.

   Mais ne pourrois-tu differer vn moment?
Vien tantost me trouuer à mon appartement.

L'AGA.

Ouy, i'iray vous y voir, Signeur, si bon vous semble.

SELIM.

Vien auecques loisir nous parlerons ensemble,
Aussi bien sur vn point veux-je t'entretenir.

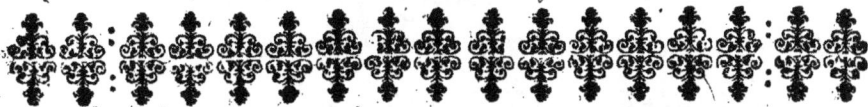

SCENE III.

SELIM, seul.

Ais de quoy luy parler ? Ah triste sou-
uenir ?
Dure neceßité qui me rends misera-
ble,
Au point que mon bon-heur sembloit incompara-
ble.
Mon déplaisir est ioint à mon contentement,
Et ce qui fait mon mal fait außi mon tourment.
Ie ne puis estre heureux sans meriter du blâme:
Car suiuant mon courage, ou bien suiuant ma fla-
me,
Tousiours ie suis coupable auec esgalité,
Ou de trop peu de cœur, ou d'infidelité.
Ciel que ie suis reduit en vn mal-heur extreme!
Ie ne puis me seruir sans me trahir de mesme.
Ie trahis mon honneur si ie suis amoureux,
Et trahis mon amour si ie suis genereux.
Mais außi bel objet de mon ame amoureuse,
Dois-tu me commandant estre si rigoureuse;

E

Et voulant que mon cœur se porte à t'obeïr,
Dois-tu le condamner soy-mesme a se trahir?
Ie t'aime bel objet, iusqu'à l'idolatrie,
Mais t'aimant i'aime aussi le bien de ma Patrie;
Ie ne consentiray iamais a son malheur,
Et i'aime plus son bien que mon propre bon-heur.
Souffre donc qu'vn Tyran entre mes mains expire,
Sa perte preuiendra celle de tout l'Empire:
Et puisque iustement on n'y peut consentir,
Esuitons la douleur d'vn lasche repentir.
Mais n'apperçois-je pas cette belle adorable;
Dieu faites que son cœur me soit plus secourable.

SCENE IV

IZAIDE, SELIM.

IZAIDE.

V'a resolu Selim?

SELIM.

De faire son deuoir,
Ne pouuant iustement suiure vostre vouloir,

G

Ouy Madame, & pluſtoſt l'on m'oſtera la vie,
Que d'oſter de mon cœur vne ſi belle enuie,
Pluſtoſt de mille coups on m'ouurira le ſein,
Que ie quitte iamais vn ſi iuſte deſſein.
Mais ayant acheué le coup que ie dois faire,
Ie ſeray trop heureux ſi ma mort vous peut plaire,
Moy-meſme apporteray ma teſte à vos genoux,
Et beniray mon mal, le reccuant de vous.

IZAIDE.

Donc tu m'aimes Seigneur, à l'eſgal de toy-meſ-
me?
Sont-ce là des effets de ton amour extreme?
Quand en as-tu produit? pour moy ie n'ē vois point,
Sinon que ton refus m'en ſerue de témoin.
Ah! Seigneur, donne-m'en des preuues veritab-
bles,
Donne-m'en des témoins qui ſoient irreprochables,
Si tu m'aimes encor ſuis mon commandement,
Ou ie ne croiray pas que tu ſois mon Amant.

SELIM.

Madame, pleuſt à Dieu que vous viſſiez mon
ame
Dans l'eſtat où l'ont mis mon honneur & ma flame.

Vous connoistriez alors si mon amour est feint.

IZAIDE.

Hé bien s'il n'est pas vray que tu ne m'aimes point;
Si ton cœur a pour moy de l'amour veritable,
Qu'il quitte son dessein:

SELIM.

Il est trop raisonnable.

IZAIDE.

Quoy, de trahir son Roy?

SELIM.

De chasser vostre ennuy.

IZAIDE.

De détruire l'Estat?

SELIM.

De luy seruir d'apuy.

IZAIDE.

Trahir son Souuerain?

SELIM.

Se défaire d'vn traistre.

IZAIDE.

Mais d'vn grand Potentat!

SELIM.

Mais indigne de l'estre.

IZAIDE.

Affliger son païs, le priuant d'Empereur?

SELIM.

Le deliurer plustost des mains d'vn suborneur;

IZAIDE.

Mais le priuer d'vn Chef?

SELIM.

       L'honorer d'vn plus digne.

IZAIDE.

S'opposer à son bien?

SELIM.

       Empescher sa ruine.

IZAIDE.

Détruire son pays; Ah quel crime Seigneur!

SELIM.

Mais faire le deuoir de son Liberateur,
Est-ce là l'affliger? Est-ce là le détruire,
Si ie perds vn Tyran qui ne sert qu'à luy nuire?

Il eſtoit dans vn mal dont ie veux l'affranchir,
Et i'expoſe ma teſte afin de le gauchir.
Pluſieurs ont reſſenty les coups de la tempeſte,
Ie m'efforce auiourd'huy d'en garder voſtre teſte:
Ie hazarde ma vie afin de vous ſauuer,
Et ſi ie n'obeïs c'eſt pour vous conſeruer.
Mon cœur ayant monſtré ſi peu d'obeyſſance,
Vous rendra des deuoirs de plus grãde importance.
Il veut ſe perdre, ou bien vous conſeruer le iour,
Puiſque tout ſon bon-heur dépend de ſon amour.
Ce ſont là les deuoirs qu'il deſire vous rendre:

IZAIDE.

Tu forges des malheurs que ie ne puis comprendre;
Ton bel eſprit Seigneur, à te nuire obſtiné,
Te fait croire des maux qu'il s'eſt imaginé.
Tu veux que pour les croire vn chacun te reſem-
    ble,
Et penſant nous ſauuer, tu nous perds tous enſem-
    ble:
N'eſt-il pas trop aiſé d'éuiter ce treſpas,
Et de fuyr vne mort qui n'arriuera pas?
Sans que pour nous ſauuer d'vn mal imaginaire,
Tu t'engages en vn qui n'eſt point neceſſaire:
Ton eſprit cependant au lieu de l'éuiter,
Propoſe aueuglément de t'y precipiter;

Mais enfin quand le Roy voudroit tout entreprendre,

Quiconque est son subjet ne doit pas l'en reprendre.

Nous deuons par priere en détourner le cours,

Et de luy, contre luy, demander le secours.

Qui ne sçait que les Roys sont au dessus des autres,

Que nous sommes sous eux, & qu'ils ne sont pas
nostres ;

Que l'on doit approuuer toutes leurs actions,

Et sous-mettre son cœur à leurs intentions.

S'ils abusent par fois d'vne entiere puissance,

C'est à Dieu seulement d'en prendre la vengeance;

Nostre vie est par eux, & nostre liberté

Doit se determiner suiuant leur volonté.

SELIM.

Ouy, nous deuons ceder à leurs desseins Augustes

Mais lors que leur esprit a des desirs injustes,

Ils cessent d'estre Roys, & leur authorité

Finit à mesme instant que leur integrité.

La tache dont le crime a soüillé leurs personnes,

Dispense du respect que l'on doit aux Couronnes,

Et sans aucune crainte on peut absolument

Faire vn iuste refus de leur commandement ;

Mais vous semblez douter si l'ingrat est coupable?

Si mon dessein est iuste, & sa mort raisonnable ?

Ne vous souuient-il plus de ces sanglants af-
  fronts,
Dont l'infame qu'il est, a fait rougir nos fronts?
Auez-vous oublié ses trahisons insignes,
Tous ses assassinats, tous ses actes indignes?
Tant de monde esgorgé par son commandement,
Et les meilleurs Romains qu'il mit au monument?
Vous voulez empescher que cét ingrat perisse,
Et contre la vertu vous protegez son vice:
Prestez, prestez l'oreille à des conseils plus sains,
Et prenez auiourd'huy de plus iustes desseins.

IZAIDE.

Ie n'ay point de desirs qui ne soient raisonnables;
Quitte les tiens Seigneur, qui sont plus detesta-
  bles:
Ne fais point de desseins sur la teste d'vn Roy,
Que Dieu mesme a choisi pour te donner la Loy.
En vain pour le punir, ton courage s'obstine:
S'il l'a fait Empereur, il l'en a iugé digne,
Sa Prouidence ainsi sçaura bien conseruer
Celuy qu'à tant d'honneurs, il vouloit esleuer.
Veux-tu de mes discours auoir vn témoignage?
Regarde ton combat: En veux-tu dauantage;
Quel progrés as-tu fait par ce grand attentat,
Qu'en cette qualité ennemy de l'Estat?

SELIM.

Madame, l'attentat que mon cœur se propose,
A bien vne plus belle & bien plus noble cause;
Ce dessein ne vient point de mon ambition :
Conseruer le pays est mon intention.
Mon combat en effet estoit illegitime,
Aussi i'ay supporté la peine de ce crime.
Mais ce projet estant plus iuste & genereux,
I'en espere succés qui sera plus heureux.
Ce Dieu qui de ma faute ordonna le supplice,
Sçait bien recompenser le crime & la iustice,
Et tousiours l'équité de ses grands iugements,
Ordonne à l'vn le prix, à l'autre les tourments.

IZAIDE.

Mais ce Dieu Souuerain, puis qu'il est équitable,
Puniroit Bajazet s'il le trouuoit coupable.

SELIM.

Il le punit assez, inspirant en nos cœurs
Le dessein de vanger sur luy tant de rigueurs.
Il n'agit pas tousiours, mais sa bonté supresme
Veut voir vn malheureux qui se vâge soy-mesme :
Il remet en ses mains son bon & mauuais sort,
Et luy donne à choisir ou sa vie, ou sa mort.

IZAIDE.

IZAIDE.

Puisque tous mes conseils n'ont rien peu sur ton
    ame,
Au nom de nostre Hymen, au nom de nostre flame,
Rejettes ce dessein :

SELIM.

               Le conseil en est pris,
L'Empire veut vn bien dont sa teste est le prix.

IZAIDE.

Songe qu'il est ton pere, & que son mal te touche,
Que tu es vne branche, & qu'il en est la souche.

SELIM.

Ie ne l'ignore pas, & ce dur souuenir
M'oblige dauantage à le deuoir punir.
Ie prends trop d'interest à l'honneur de ma race,
Pour approuuer en elle vne si rude tache.
Ie ne souffriray pas qu'on dise de mon sang,
Si l'Empire est détruit qu'il en fut le Tyran ;
Et pour le garentir de sa misere extreme,
Plustost en vn besoin ie me perdrois moy-mesme.
Iugez apres cela si ie n'ay pas raison,
Voyez si c'est justice, ou si c'est trahison.

                               H

Corchut à ce projet a donné son suffrage;

IZAIDE.

Suis donc tes sentimens ie suiuray mon courage,
Meurs & ie vais mourir; à Dieu cruel, à Dieu.

SELIM.

Ah! souffres que plustost i'expire sur le lieu,
Madame; elle s'enfuit où sa fureur l'ameine,
Ie m'en vais de ce pas voir la Sultane Reyne.

Elle
r'entre.

SCENE V.

BAIAZET, HALY, HERZEGOGLIS.

BAIAZET.

Iel peux-tu conspirer pour l'interest d'vn
traistre?
Donc dedans mes Estats ie ne suis plus le
Maistre,
Et des hommes sans foy suiuants leurs sentiments,
Refusent d'obeyr à mes commandements?
Ils ne respectent plus, ny Sceptre ny Couronne,
Et c'est peu d'attenter sur ma propre personne.

Si pour mieux appuyer vn damnable projet,
L'on n'esleue en mon rang vn indigne subjet.
Mais que disie vn subjet, vn monstre abominable,
Vn enfant malheureux d'vn pere miserable.
Qui sans aucun respect, & de pere, & de Roy,
S'attaque par deux fois insolemment à moy.
Selim dénaturé, fils ingrat, & perfide,
Et bien soüille ton nom d'vn double parricide,
Et sans considerer ny ton rang, ny ta foy,
Massacre indignement, & ton pere, & ton Roy.

HERZEGOGLIS.

Accuse-toy toy seul de l'horrible tempeste,
Qui depuis quelques iours a menacé ta teste.
Vn mort d'vn fils viuant emprunte le secours,
Pour se vanger de ceux qui finirent ses iours.
La perte d'Achomat est tout ce qui l'anime,
Et son supplice seul est cause de son crime :
Vn Thröne est mal payé qui l'est par le tombeau,
Ce n'est pas vn licol qu'on doit pour vn bandeau,
Et ta puissance enfin se voyant couronnée,
Deuoit aimer celuy qui te l'auoit donnée.

BAIAZET.

Qui nous esleue au Thröne y doit nous maintenir,
S'il se reuolte apres, on doit plus l'en punir :

Mesmes cette action qu'on estime seruice,
Et qui nous donne vn Thrône est digne du supplice,
Puis qu'il fait voir apres par ce lâche projet
Qu'il agissoit en Maistre, & non pas en subjet.

HALY.

Ie l'aduoüe, il est vray, dans des hommes semblables
bles
Les crimes sont plus grands, quand ils sont veritables:
tables:
Mais c'en est vn plus grand d'accuser sans raison,
Vn homme genereux de quelque trahison:
Tu deuois respecter vn si braue courage,
Qui t'auoit par son sang rendu ton heritage:
Tout soupçon deuant luy deuoit estre abbatu,
Et du moins tu deuois estimer sa vertu.
S'il eut voulu monter à ce degré supresme,
Ne le pouuoit-il pas lors, qu'il t'y mit toy-mesme?
me?
Mais son crime enuers toy ce fut d'estre innocent,
Et tu t'estimas foible en le voyant puissant:
L'estime des soldats, l'amour des janissaires
Estoient à ton aduis de trop amples salaires;
Estant nostre Empereur, tu ne peus suporter
Qu'on vit toy commandant d'autres le meriter.

Il faut donc esloigner tant d'illustres personnes,
Dont les soings glorieux conseruent les couronnes
Si les heureux succés qu'ils donnent aux estats,
Font naistre les soupçons des plus noirs attentats.

BAIAZET.

Achomat eut finy ses iours sans violence,
S'il eut pû se sentir heureux sans insolence,
Et content des honneurs deus à sa qualité,
Il n'eut pris ce que prend ma seule dignité.
Ce credit absolu, cette réioüissance
Qu'vn chacun témoignoit à sa seule presence,
Sont les premiers tributs qu'on vole aux Empe-
    reurs,
Qui par les droits du sang en sont les possesseurs;
Il deuoit par les soins d'vne prudence insigne,
De l'amour des soldats se témoigner moins digne,
Prendre vne moindre part au tout qui m'estoit
    deu,
En biens plus asseurez ie luy eusse rendu;
Qui gagne nos subjets dérobe nos Prouinces,
Et qui s'en fait aimer se fait haïr des Princes.
C'est naistre criminel, encore qu'innocent,
Que de pouuoir ainsi deuenir si puissant :
Vn Monarque peut tout, & iuste est sa licence,
Qui pour vice punit la vertu qui l'offence :

Il euſt de la Fortune eſté le fauory,
Si la Nature l'euſt de beaucoup moins chery,
Et ſi cét imprudent m'euſt fait dans ſes approches
Des ſecrettes leçons, & non pas des reproches :
Mais retournons encor ſonder ces inſolents,
Et ſçauoir quels ſeront leurs derniers ſentiments.

ACTE IV.

SCENE I.

BAIAZET, L'AGA, HALY, HER-ZEGOGLIS.

BAIAZET.

PVIS que tu veux enfin que ie sorte du
  Trône,
Souffre que ie dispose au moins de la Cou-
  ronne,
Et que n'estant plus Roy pour te donner des Loix,
Ie le sois en cecy pour la derniere fois.
C'est là l'vnique bien qu'auiourd'huy ie pretende,
Ne le refuse pas à ma iuste demande,
Et souffre que celuy qui t'esleua si haut,
Ait ce soulagement en vn si rude saut:
Ie ne demande point pour ta recognoissance,
Que tu vueilles encor restablir ma puissance:

Mais du faiste esleué d'où tu me vois descheu,
Fais que mon successeur soit de moy-mesme esleu.
Donne moy le pouuoir de me choisir vn maistre ;
C'est si peu de bon-heur à qui cesse de l'estre,
Que ie ne croirois pas que i'en fusse priué,
Si moy-mesme desia ne l'auois esproué ;
En m'accordant ce bien on me fera iustice ;
Et ie pourray te rendre vn important seruice,
En te donnant vn Roy de qui l'authorité,
Se maintiendra tousiours auec esgalité,
Ce n'est point vn Selim, dont l'iniuste licence
Fera sa cruauté de nostre dependance,
Ce n'est point vn Selim soüillé d'vn attentat,
Qui prefere son bien à celuy de l'estat :
C'est vn cœur dont l'esprit & les mœurs sont tous
    autres,
De qui les interests seront tousiours les nostres,
Et qui pour les degrez de son Trône naissant,
Ne choisira iamais la mort d'vn innocent.
Il se conseruera par moyens legitimes,
Et ne sera iamais ennemy que des crimes :
C'est, Achmet, chers amys, ie crois que c'est assez,
Esperez tout de luy si vous le cognoissez.
                    L'AGA.
Si ton choix despendoit de ma seule puissance,
Tu serois satisfait par mon obeyssance,

                                        I'aurois

I'aurois sans contredit suiuy ta volonté,
Seigneur, & ton dessein seroit executé.
Mais ton bon-heur dépend d'vne voix populaire.
C'est de plusieurs soldats, & non d'vn Ianissaire
Que tu dois esperer vn si rare bien-fait :
Et mon commandement ne peut auoir d'effet.
Quoy que ie doiue auoir vne entiere puissance,
Ie suis pourtant subiect de leur obeyssance,
I'auray pouuoir sur eux, s'ils veulent m'obeyr ;
Et nulle authorité s'ils me veulent trahir.
Ie suis comme la voix d'vne trouppe indiscrette,
Ie dis leur volonté, dont ie suis l'interprette,
Et ie suis dépendant de ce peuple obstiné,
Plus qu'il ne l'est de moy quand il s'est mutiné.
Consulte donc Seigneur, vois quelle est ta puissáce,
Resiste si ton bien gist en ta resistance,
Mais aussi souuiens-toy qu'vn acte de vertu
Est de ceder par fois lors qu'on a combatu.

BAIAZET.

Ils sçauront mon vouloir au plus tard dans vne
    heure,
Adieu.

L'Aga
r'en-
ire.

I

SCENE II.

BAIAZET , HALY , HERZEGOGLIS.

BAIAZET.

Qu'Herzegoglis auecques toy demeure.
Au pitoyable estat où le destin m'a mis,
Que resoudray-je enfin mes chers & vrais amis.
La paix dans mon Estat, le repos dans mes villes,
Ie me sens déchirer par des guerres ciuiles ,
Au milieu des plaisirs ie n'ay rien que du deüil,
Et le Thrône où ie suis est pire qu'vn cercueil.
Lors que ie fus vainqueur , dans les guerres publi-
          ques ,
I'eus chez moy de plus forts ennemis domestiques,
Qui ialoux qu'ils estoient de me voir couronné ,
M'osterent le repos quand ie leur eus donné :
Mais enfin assisté de la Toute-puissance ,
I'estouffay ce tumulte encore en sa naissance :
Ie triomphay bien-tost de ces rebellions ,
Et respandis le sang de ces plus fiers Lions :
Achomat fut de tous ma premiere victime,
Ie luy fis ressentir la peine de son crime :

Rompis tous ses desseins, & ie fis sagement
Avorter ses projets en leur commencement.
Vn fils luy succeda, dont les lasches pratiques
Sousleuent contre moy mes meilleurs domestiques:
Il m'affronte, il m'attaque, enfin par vn combat
Se declare ennemy d'vn pere, & de l'Estat.
Mais inutilement il en veut à ma gloire,
Le Ciel d'entre ses mains arrache la victoire.
Et me voyant priué de forces & d'appuy,
Il se declare enfin pour nous & contre luy.
Selim desesperé d'vne telle conduite,
Recherche tout honteux son salut en sa fuitte.
Et voyant tous ses gens sans desordre & sans loy,
Il fuit chez son germain, encor tout plein d'effroy,
Là ce monstre inhumain, endurcy dans son cri-
　　me,
Suit auec plus d'ardeur la rage qui l'anime,
Il ne desiste point, & sa punition
Fait augmenter l'excez de son ambition.
Il suit les sentimens que la rage luy donne,
Et pour mieux enuahir mon Sceptre & ma Cou-
　　ronne:
Il gagne enfin le cœur de mes meilleurs amis,
Et de tous mes subjets en fait mes ennemis.
Ils suiuent donc le fils & detestent le pere,
Et les obligeant tous à luy vouloir complaire,

Sans plus considerer ny son sang ny sa foy,
Il se fait demander & pour Maistre & pour Roy.
C'est là, mes chers amis, l'estat de ma disgrace,
C'est là ce qu'ont causé les crimes de ma race ;
Veillez par vos conseils ma vieillesse assister,
Et dittes si ie dois ceder ou resister.

HALY.

Grand Roy dans ce malheur, combien qu'il soit
    extreme,
Tu pourrois mieux que nous te conseiller toy-mes-
    me :
Mais afin d'obeïr à ton commandement,
Ie diray sur ce point quel est mon sentiment.

BAIAZET.

Parle & qu'Herzegoglis responde à tes maximes,
S'il ne les trouue pas estre assez legitimes.

HALY.

Ces soldats qui pour mieux monter en vn haut rãg,
Nourris d'vn laict Chrestien en répandent le sang,
Qui tuent leurs parents pour conseruer les nostres,
Et pris par vn tribut nous en acquierent d'autres.
Ces braues inconnus, ces illustres guerriers,
Qui dessus leurs Cyprés font croistre nos Lauriers.

Ce cœur des Otthomans par qui l'Estat respire,
Ces inuincibles bras du Corps de nostre Empire,
Qui pour se rendre vn iour nos plus fermes soustiés,
Quittent leurs libertez, & souffrent nos liens.
Les Ianissaires, disie, auec raison demandent
D'auoir part dans le choix de ceux qui leur com-
mandent.
Ils seront aux combats plus forts & genereux,
Leur témoignant ainsi l'estime qu'on fait d'eux.
On obeyt bien mieux à celuy que l'on aime,
Et celuy qu'on choisit est vn autre soy-mesme:
Dans tout ce qu'il commande on le suit aisément,
Parce qu'on suit ainsi son propre iugement.
Mais appliquer vn Chef auecques des parties,
A qui quelque deffaut les rend mal assorties,
C'est faire que le tout deuienne moins puissant,
Et que son mouuement soit foible & languissant.
C'est comme vn ver couppé dont la teste auec peine,
Tire apres soy le corps qui se suit & se traisne.
De Selim & d'Achmet, regarde qui vaut mieux,
L'vn leur est en horreur, pour l'autre ils font des
vœux.
Mets ton Sceptre en sa main, ils en gagneront
d'autres,
Priue-l'en ils perdront ceux qui sont desia no-
stres.

Il faut, ce difent-ils, pour nous donner des loix,
Vn Roy qui fçache aufsi commander à des Roys,
Qui pour compagne au camp, ne traifne que la
　gloire,
Dont les embraffements enfantent la victoire.
Il nous faut vn Soleil dont le regard puiffant
Nous faffe vn iour remplir le vuide du Croiffant:
Et qui fçachant de l'Aigle abbaiffer la fortune,
L'empefche de voler au deffus de la Lune.
Vn Prince qui mettant tout le monde en fes fers,
Ne faffe qu'vn Eftat de tout cét Vniuers.
Achmet n'eft pas celuy de qui le grand courage
Doit acquerir vn iour vn fi bel heritage;
Le Sceptre dans fes mains fera comme vn ro-
　feau,
Et fon front en enfant portera le bandeau.
Si tu veux l'efleuer où fa folie afpire,
Ton regne finiffant, tu finis cét Empire.
D'vn fecond Bajazet le trop injufte choix,
Fera ce qu'vn premier penfa faire autre fois;
Dieu nous le laiffera comme vn digne fupplice,
Et nous ferons punis par l'effet de fon vice.
Laiffant tout noftre Eftat fans defordre & fans
　loy,
Luy-mefme il punira ceux qui l'auront fait
　Roy.

Ce lasche ne pourra donner à nostre armée
Les puissans mouuements dont elle est animée.
Il sera commandant par vn si mauuais sort,
Vne teste de bois mise sur vn corps mort.
Cependant ta Hautesse aura fait cét Ouurage.
De toy tu laisseras vne si belle image,
Ne considerant pas qu'enélisant Selim,
Tes victoires seront l'effet de son dessein.
Par luy tu reuiuras apres tes funerailles,
Par luy quoy qu'au tombeau, tu seras aux batail-
    les,
Et commandant par tout, ainsi que c'est son but,
Bajazet dira-t'on fut celuy qui t'esleut.
Seigneur prend donc bien garde en l'estat où nous
    sommes,
A nous donner des Roys qui ne soient pas moins
    qu'hommes.
Par cét illustre choix que tu feras pour nous,
Mesme en ne regnant plus tu feras des ialoux,
Et ton grand iugement nous fera reconnoistre,
Qu'en cessant d'estre Roy, tu merites de l'estre.

HERZEGOGLIS.

Depuis le temps qu'on voit regner les Ottho-
    mans,
L'on n'a point veu Seigneur de pareils sentiments.

Quelque ardeur qu'aux combats nous ayons veu
    paroiſtre ,
Vn ſubjet n'eut iamais droit de ſe faire vn Mai-
    ſtre :
Quelque ſang qu'vn ſoldat pour ſon Prince ait
    verſé ,
L'honneur de le ſeruir l'a trop recompenſé.
N'écoute pas Seigneur, ceſte iniuſte requeſte,
Les bras deffendent bien, mais ne font pas la teſte,
Et ces membres ſi forts qui font tous nos exploits,
Peuuent donner des coups , mais n'ont iamais de
    voix.
Si le droit de choiſir deuenoit leur ſalaire,
Nous verrions naiſtre vn Roy de chaque Ianiſ-
    ſaire.
Et de l'Eſtat ainſi renuerſant tous les rangs,
D'Eſclaues qu'ils eſtoient ils deuiendroient Ty-
    rans.
Empeſche le malheur, il n'eſt rien de plus rude,
Que l'ordre d'vn eſprit né dans la ſeruitude;
Il ſe vange des maux de ſa captiuité,
Sur tout où peut agir ſon peu de liberté;
Et croit que qui luy rend ce don de la nature,
Ne fait pas vn bien-fait , mais finit vne injure.
Puiſque donner ainſi c'eſt leur rendre leur bien,
Et que leur rendre enfin, c'eſt ne leur donner rien.
                            Mais

Mais l'on obeyt mieux à celuy que l'on aime,
Et celuy qu'on choisit est un autre soy-mesme.
Ne regardez-vous pas qu'ainsi le Prince esleu,
Sur ceux qui l'ont fait Roy n'est iamais absolu :
Il ne sçauroit sur eux exercer sa puissance,
Puis qu'elle-mesme fait toute sa dépendance.
Et leur estant unis par de si forts liens,
Tous ceux qui l'ont fait Maistre, il les croit tous
  les siens.
Alors qu'on ioint un Chef auecque des parties,
A qui quelque deffaut les rend mal assorties ;
Le tout qui s'en produit en deuient moins puis-
  sant,
Et dans son mouuement est foible & languissant ;
Mais ce tout est bien fait, & rien ne luy peut nui-
  re,
Estant fait par un Roy qui seul le peut produire,
Où son authorité qu'on respecte tousiours,
Regne en celuy qui regne à la fin de ses iours.
Dedans l'autre au contraire, où le soldat conspire,
A donner à quelqu'un ce grand & vaste Empire :
Celuy qu'on a choisi n'ose donner des loix,
Ceux qu'il voit compagnons, il les croit tous des
  Roys.
La teste en quelque sorte est d'une autre structure
Que le reste du corps qui forment la structure :

K

Autrement c'eſt vn corps mal ordonné, confus,
Où l'on appelle chef ce qui paroiſt le plus.
Achmet, ce dittes-vous ? n'eſt pas vn grand cou-
    rage ;
Dittes vos ſentimens ; mais ſans faire d'outra-
    ge,
Conſiderez celuy dont il eſt le portrait,
Vous deuriez l'honorer quand il feroit mal fait.
Mais pourquoy le blaſmer, attendez quelque ou-
    urage,
Selim monſtre du cœur, mais vn cœur plein de ra-
    ge.
L'oiſiueté vaut mieux que la rebellion :
L'obeyſſance auſſi plus que l'ambition.
Si meſme contre vn pere il forma ſes tempeſtes,
Que ne ſouffriront point ces miſerables teſtes ?
Il ne les verra plus que comme ſes bourreaux,
Ayant tué ſon pere, il rompra ſes couſteaux.
Il leur ſera donné comme vn digne ſupplice,
Ils ſe verront punis par l'effet de ſon vice,
Et ſe monſtrant ainſi ſans memoire & ſans foy,
Luy meſme il punira ceux qui l'auront fait Roy.
Seigneur, prenant Selim, tu témoignes ta crain-
    te,
Luy meſme prend ton choix comme fait par con-
    trainte ;

Pour tout remerciment de l'auoir couronné,
Il reçoit comme vn mal, vn bien trop tard donné,
Et dit desia par tout par vn sentiment traistre,
Il m'a fait Empereur, il ne pouuoit plus l'estre.
Le grand Prince Othoman alors qu'il fit ses loix,
Dit que les Turcs seroient esclaues de leurs Roys,
Establissant entr'eux cette grande distance,
Afin que ses subiects fussent sans resistance.
Par là nostre Monarque est tousiours absolu :
Par là tousiours on fait ce qu'il a resolu.
Voyant sa Majesté l'on ne peut se resoudre
D'en voir briller l'éclair sans en craindre la fou-
    dre,
Et dedans cét éclat les Thrônes sont des Cieux,
Où ce n'en tremblant qu'on peut porter les yeux.

HALY.

Mais comme vn Medecin cherchant vn bon re-
    mede,
Pour chasser loin d'vn corps le mal qui le possede,
Donne pour l'affranchir des rigueurs du trespas
Vn suc qu'auparauant on ne connoissoit pas.
Ainsi souuent vn Roy par des iustes maximes,
Doit dedãs ses subjets approuuer quelques crimes,
Et pour lors qu'vn Estat s'accroist es préd sõ cours.
Il peut faire autremẽt que dans ses premiers iours.

Cela doit encor plus se reduire en vsage,
Lors qu'vn Prince ne peut repousser quelque ou-
　　trage,
Et ioignant l'impuissance à sa seuerité,
Il fait cesser l'éclat de son authorité.
Seigneur dedans l'estat où ie vois les affaires,
Les remedes meilleurs ne sont pas ordinaires ;
De l'Empire auiourd'huy retire vn peu tes soins,
Pour estre tousiours Prince, apprends à l'estre
　　moins.
La vertu fait vn Roy, non pas l'obeyssance ;
Il est tousiours Monarque, encor que sàs puissance,
Et l'absolu pouuoir qu'il conserue chez luy,
Vaut bien celuy qui fait qu'il regne chez autruy.
Si Selim, dittes-vous, paroist grand Capitaine,
Ses combats l'ont rendu digne de nostre haine ;
Et nous ne deuons pas donner auec erreur,
A la rebellion le prix de la valeur.
Mais il a combattu pource qu'on luy dispute,
Et s'il s'est esleué c'est de peur de sa cheute ;
Il a creu seulement estre ses ennemis
Ceux qui par leurs conseils, te sont mauuais amis.
Il aime plus les siens que sa propre personne.
C'est pour te couronner qu'il pretend la Couronne,
Et desire arracher par ses iustes desseins,
Les chaisnes, & non pas le Sceptre de tes mains.

Si l'Eſtat a ſouffert des deſordres extremes,
Tes Conſeillers, Seigneur, en ſont la cauſe eux-
   meſmes :
Ils t'auoient conſeillé de perdre vn innocent,
Et pour ſe mieux deffendre il s'eſt rendu puiſſant.
Ainſi ſeuls ils ont fait nos ſanglantes alarmes,
Ainſi dedans ſes mains ils ont porté les armes :
Et Selim ſeul ayant témoigné ſa valeur,
On les croit innocents parce qu'ils ſont ſans cœur.
On dit qu'vn Prince eſleu trouue qui luy reſiſte,
Et l'Eſtat ſous ſes loix auec peine ſubſiſte :
Mais non quand les ſoldats eſleuent dans ce rang
Vn qu'ils deuoient deſia reſpecter par ſon ſang.
Alors pour obeyr ils n'ont point de contrainte,
Leur choix fait leur amour, ſa perſonne leur crain-
   te :
Et ces deux forts liens des Roys & des ſubiets,
Font vn Prince abſolu dedans tous ſes projets.
Conſidere Seigneur, la force d'vne armée,
Quand pour ſon intereſt elle s'eſt animée,
Rien ne peut releuer vn ſi fort mouuement :
Et le crime s'accroiſt par la peur du tourment.
Vn grand Peuple eſt touſiours vn Monſtre redou-
   table,
Qui comme il eſt ſans yeux, en eſt plus effroya-
   ble.

K.

Et tu n'ignores pas que l'on dit en tout lieu,
Que quand le peuple parle, il est la voix de Dieu.

HERZEGOGLIS.

Il est dans les Estats de certaines maximes,
Qu'on ne sçauroit choquer sans commettre des cri-
mes.
L'insolence autrement prenant vn libre cours,
La face de l'Estat changeroit tous les iours.
Ce sont loix où l'Empire establit ce Genie,
Qui conserue tousiours sa parfaite harmonie,
Et qui des autres loix estant le fondement,
Font le pouuoir d'vn Prince, & son gouuerne-
ment.
Tu ne dois pas encor delaisser les affaires,
Pour tout ce qu'on te dit, de tous ces Ianissaires,
Grand Prince c'est le bien de tous les Musul-
mans,
De leur sçauoir donner de rudes chastiments.
Tu dois pour te vanger d'vne telle insolence,
Employer les efforts de toute ta puissance;
Lors qu'vn peuple est rebelle, vn puissant Poten-
tat
Perd auec plus d'honneur ses iours que son Estat.
Ce qu'ils nous ont gaigné les oblige à mieux faire.
L'impunité iamais ne deuient vn salaire:

Et quoy qu'auec ardeur on ait bien combattu,
Le vice n'est iamais le prix de la vertu.
S'ils ont formé l'Estat, doiuent-ils le détruire,
Et des bien-faits rendus seruent-ils pour luy nui-
    re?
Quoy qu'on vueille alleguer de Selim furieux,
Le crime qu'il a fait le doit rendre odieux :
Mais si contre son pere il parut si barbare,
Du sang de ses voisins sera-t'il moins auare ;
Sa rage paroissant dedans tous ses projets,
Fera des ennemis, & non pas des subjets.
Ainsi toute la terre à nostre astre opposée,
Rendra par l'Vniuers sa lumiere éclipsée :
Et par vne auanture effroyable à nos iours,
Le Soleil décroistra contre son propre cours.
Quand la fureur d'vn Roy nous donne des alar-
    mes,
Nous ne luy deuons pas répondre auec les armes.
Nous deuons nous purger, & c'est tousiours mieux
    fait,
De souffrir innocent que commettre vn forfait.
Ce n'est pas aux subjets de iuger si les Princes
Sont capables des soins qu'ils doiuent aux Pro-
    uinces.
Et par les sentiments d'vn orgueil sans pareil,
De iuger des esprits qui sont dans leur conseil.

S'ils font quelque action qui ne soit pas permise,
Nous deuons neantmoins souffrir leur entrepri-
   se:
Car dedans la fureur de leurs plus rudes coups,
Ils faillent contre Dieu, mais non pas contre nous.
Ne t'épouuante pas des forces d'vne armée,
Dont le dessein s'en va se reduire en fumée,
Estant ainsi sans Chef leur ardeur les trahit,
Tous voulans commander, personne n'obeit;
Et par l'étrange effet d'vne insigne injustice,
Eux-mesmes de leurs bras ils forgent leur sup-
   plice:
Dieu regarde le peuple, il est vray, quelquefois,
Mesmes pour nous parler il le prend pour sa voix;
Mais c'est lors qu'il s'agit de faire quelque injure,
A ces premieres loix que dicte la nature:
Car lors comme on pretend s'esloigner de l'erreur,
Vn sentiment commun est trouué le meilleur.
Mais alors qu'il s'agit de donner des Couronnes,
L'Esprit de Dieu descend dedans d'autres person-
   nes;
Afin de mieux former cét œuure precieux,
Dieu prend aussi des Roys qui sont comme des
   Dieux;
Il se sert de leur voix pour faire vn tel ouurage,
Et leur image sert à faire leur image.

                              BAIAZET.

BAIAZET.

Ie connois en tous deux & le zele & l'ardeur,
Qui vous fait disputer pour ma seule grandeur ;
Mais depuis qu'en tous lieux par nostre Monar-
chie,
La terre des Chrestiens s'est trouuée affranchie.
Si nous ne souffrons pas des Princes pour riuaux,
De bien moins nos subjets seront-ils nos égaux.
Non soubs moy les soldats n'auront pas la puissâce
De faire librement agir leur violence ;
Ie veux laisser l'Estat comme ie l'ay receu,
A celuy que pour Roy i'auray moy mesme esleu.

HALY.

Seigneur ils sont puissants.

BAIAZET.

                            N'importe, mon courage
Scait comment amortir les effets de leur rage ;
Insolents ennemis de vostre propre bien,
Qui faittes vostre mal, en procurant le mien :
Si vous auez formé l'Empire de mon pere,
Vous estes cause aussi de toute ma misere :
Et ce corps si puissant que vous auez produit,
Par vos diuisions s'est veu souuent détruit.

                                        L

On vous a bien payé de vos plus grands seruices,
Quand l'on n'a pas suiuy vos crimes des supplices.
Et le sang qu'en vos corps ma clemence a laissé,
Et le prix de celuy que vous auez versé.
Cependant vous voulez, aussi lâches que traistres,
Pour auoir bien seruy qu'on vous souffre pour Mai-
stres.
Ah ! que plustost le Ciel esteigne mon flambeau,
Et renuersant mon Thrône en fasse mon Tombeau.
Qu'il soit dit que le sort d'un insolent caprice,
Ait pû vaincre sous-moy celuy de la justice.
Vn Roy ne peut des siens receuoir vn bien-fait,
Et pour peu qu'il fléchit il tombe tout à fait.

HALY.

Seigneur,

BAIAZET.

Ie n'entens plus tes estranges maximes,
Qui font icy passer pour remedes des crimes.
Et pour me bien vanger de leur noir attentat,
Ie me perdray plustost a auec eux & l'Estat.

SCENE III.

L'AGA, LA SVLTANE, SELIM, ACHMET.

SELIM.

Ais s'il me cede enfin le Sceptre & la
Couronne.

LA SVLTANE.

Non, ce n'est pas assez, i'en veux à sa personne :
Il faut, il faut qu'il meure.

SELIM.

Ah ! c'est trop attenter.

LA SVLTANE.

Selim le Sceptre seul peut bien vous contenter.
Mais songez qu'apres vous il en faut satisfaire.
Vangez-vous de vos maux, ie vāgeray mon pere.
Il le priua de vie, & ie veux l'en priuer.

L'AGA.

Seigneur, songez aussi qu'il peut se releuer.

Peut-eſtre attendra-t'il l'occaſion naiſſante,
Pour ſe vanger ſur toy de ſa honte preſente.
Enfin quoy qu'il en ſoit tu dois le redoûter.

CORCHVT.

Et ce ſont des conſeils que tu dois eſcouter.

SELIM.

Tombant d'un lieu ſi haut, on ne doit point le craindre.

CORCHVT.

Quelque eſleué qu'il ſoit, il y pourroit r'atteindre.

SELIM.

Ie me deffendray bien, quoy qu'il ait entrepris.

CORCHVT.

Il te ſurprendra lors, comme tu l'as ſurpris.

SELIM.

Tous pour ſurprendre ainſi n'ont pas meſme fortune.

LA SVLTANE.

Mais enfin celle-là luy peut eſtre commune.

SELIM.

Vn si rare bon-heur n'arriue pas tousiours.

L'AGA.

Peut-estre son destin prendra le mesme cours.

ACHMET, apperceuant Selim s'arreste.

Mes yeux, me trompez-vous?

CORCHVT, parlant à Selim.

Mon frere que t'en semble?

ACHMET, bas.

Escoutons;

SELIM.

Ie ne puis vous celer que i'en tremble,
I'ay tousiours du respect pour tous ceux de son rang.
Et i'ay peine à tréper mes mains dedans mon sang.
Que diroit-on de moy, si ie perdois mon pere?

ACHMET, bas.

O Ciel!

Que tu ferois ce qu'vn homme doit faire.

L iij

SELIM.

Que pluſtoſt ſur ma teſte....

CORCHVT.

Ah! nous ſommes perdus.

Ie vois Achmet,

ACHMET.

Fuyons :

SELIM, tirant ſon eſpée.

Nous ſommes entendus.

Traiſtre tu le payeras.

LA SVLTANE.

Quel excés de miſere !

SELIM, reuenant.

Madame, il s'eſt ſouſtrait à ma iuſte colere.

LA SVLTANE.

En cas que par addreſſe on n'en vint pas à bout.

L'AGA.

Il faut vſer de force.

SELIM.

Il faut vſer de tout.

ACTE V.

SCENE I.

SELIM, CORCHVT, HALY, L'AGA.

SELIM.

OVSIOVRS ce Dieu viuant, qui
   de nos cœurs dispose,
Fait respondre l'effet aux bontez de
   la cause.
Et iamais dans le cours d'vn si iuste
   dessein,
L'on n'a droit d'en attendre vne mauuaise fin.
Qui pouuoit que luy seul dedans cette entreprise,
Tout estant découuert, nous garder de surprise.
Nos plus grands ennemis sçauoient nostre party,
Le Roy mesme deffunct en estoit aduerty.
Et cependant iamais entreprise conçeuë,
Ne nous eut peu promettre vne meilleure issuë;

Rendons graces, mon frere, à ce grand Immortel,
Et nous allons ietter au pied de son Autel.
Mais toy qui fus present lors que la destinée,
Par l'effet de nos soins se trouua terminée,
Fais nous sçauoir auant, comment c'est qu'il est
    mort.

HALY.

C'est par ses propres mains qu'il a finy son sort ;
Mais ie vais plus au long te dire cette Histoire,
Qui d'une Reyne Auguste éternise la gloire.
    Ce miserable Roy sortoit alors du bain,
Quand (ce que la Sultane attendoit auec soin)
Comme c'est sa coustume, il demande sa tasse.
Elle la presentant auec beaucoup de grace,
Regarde le Sultan, qui sans trop s'émouuoir,
D'vn visage asseuré feint de la receuoir.
Mais conseruant tousiours ce soupçon dans son
    ame,
Pour s'en mieux éclaircir il la rend à sa femme.
Et comme par plaisir l'inuite de gouster
A ce breuuage doux qu'il faisoit apprester.
La Sultane en ce point paroist vn peu confuse ;
Et par vn compliment aussi-tost le refuse,
Mais par ce beau moyen prouue sa trahison,
Ce refus du Sultan redouble le soupçon.

Il la prie, il la presse, et toute resistance
Au lieu de l'appaiser accroist son asseurance.
Il dit que ce refus est trop hors de raison :
Il l'accuse de haine, en apres de poison.
Que fera cette Reyne en ce malheur extreme.
Elle est passe à ce mot, son teint devient tout blesse-
   me ;
Et se voyant reduite en ce pressant danger,
Se resout de mourir afin de se vanger.
Quay, dit elle soudain, pour estre moins suspecte
Tu crois qu'on te trahit alors qu'on te respecte,
Seigneur qui fait donc naistre un tel soupçon en
   toy,
Comment remarques-tu que i'ay manqué de foy ?
Alors cette Princesse en se baignant de larmes,
Fit agir contre soy la force de ses armes :
En recevant la coupe elle en boit la moitié :
Accuse-moy, dit elle, apres d'inimitié.
Bajazet ayant veu cet effort de courage,
Luy demanda pardon d'un si sensible outrage :
Il boit à son exemple en ne se doutant pas
De rencontrer la mort sous ce subtil apas.
Mais abusé qu'il est par ces douces amorces,
Du poison aussi-tost il sent agir les forces :
Et comme il n'avoit pas le corps sain et bien fait,
Plustost que la Sultane il en connoist l'effet.

M.

O Ciel, injuste Ciel! dit alors cét infame,
Mourray-je donc ainsi par les mains d'vne fem-
    me :
Et faut-il que ce sexe auec si peu d'effort,
D'vn infame Cyprés ait couronné mon sort.
Ce que n'ont peu les Roys au milieu des armées,
Ce que des Legions au combat animées,
N'auroient pas entrepris sans leur punision ;
Vne femme l'a fait à ma confusion.
Non, non, ie ne veux pas qu'on lise dans l'Histoire,
Qu'vn ennemy si foible ait peu ternir ma gloire.
Vangeons sur son autheur, vn affront si sanglant,
Et puis de cette main respandons nostre sang.
Il dit, & sans tarder il tire son espée,
Que du sang de la Reyne il vouloit voir trempée.
Mais sa foiblesse enfin deceuant son espoir,
Luy fait voir en tombant son trop peu de pouuoir.
Son teint en vn moment, de rouge deuient blesme,
Chaque mot qu'il profere est tousiours vn blasphe-
    me.
Et de son propre fer en se perçant le flanc,
Il vomit à la fois & son ame & son sang.
La Sultane voyant sa vengeance accomplie ;
Reçois cher Achomat cette mourante vie,
Dit-elle, sois content de ce sort malheureux,
Ie tiens de toy la vie, & ie t'en offre deux.

Cher pere reçois donc ma mort pour ma naiſſance,
C'eſt-là de tes bien-faits toute la recompenſe.
Comme au Thrône aime moy dedans le monument.
Et d'vn meilleur repos iouys paiſiblement ;
Ie meurs l'ayant vangé, c'eſt ce qui me conſole.
Son eſprit auſſi-toſt a ſuiuy ſa parole,
Et ce diuin rayon hoſte d'vn ſi beau corps,
A quitté ſa demeure apres quelques efforts.
C'eſt-là comme finit ce Soleil ſans exemples,
Cette diuinité digne des plus beaux temples.
Qui deſirant mourir pour vaincre nos malheurs,
Doit apres ſon treſpas reuiure dans nos cœurs.

CORCHVT.

Que tes deſſeins, gād Dieu, ſōt differēts des autres,
Et que tes iugements ſont eſloignez des noſtres :
Tu diſpoſes de tout, eꝛ c'eſt bien vainement
Que l'on veut pour agir ſuiure ſon ſentiment.
Pour vaincre ſon malheur c'eſt en vain qu'ō s'obſti-
Où l'on croit vne roſe, on y trouue vne eſpine. (ne,
Et ſouuent où l'on croit la fin de ſes malheurs,
On rencontre vn excés de maux eꝛ de douleurs.

SELIM.

Loin de plaindre vne fin ſi belle eꝛ glorieuſe,
Ie l'eſtime honorable, eꝛ la crois trop heureuſe.

Et s'il m'estoit permis de me faire mon sort,
Ie ne choisirois point vne plus belle mort :
Ie croirois faire injure à cette grande Reyne,
Si son sort bien-heureux me mettoit plus en pei-
ne.
Donc pour recompenser cét excés d'amitié,
Iettons des cris de ioye, & non pas de pitié ;
Mais Achmet, que dit-il d'vne telle auanture ?

LE BASSA.

Il croit en ce trespas receuoir vne injure:
Il deteste, il enrage, & ses moindres desseins
Sont de s'oster le cœur auec ses propres mains.

SELIM.

I'y donneray bon ordre, Aga, qu'on s'en saisisse,
Et qu'à ces lâchetez on égale vn supplice.

L'AGA.

Tu seras obey.

SELIM.

Dépesche promptement.

GORCHVT.

Suspends, suspends Seigneur, vn peu ton iugement,

Conferue-toy le fils ayant perdu le pere,
Et r'allentis le feu de ta iuſte colere.

SELIM, parlant à l'Aga.

Fais ce que ie commande, autrement;

CORCHVT.

Ah! Seigneur,
Suis de de tels ſentimens auec moins de fureur.
Conferue-toy du ſang qui te peut eſtre vtile;
Et ne te ſoüille pas d'vne action ſi vile,
Que de choiſir ainſi la mort d'vn innocent,
Pour eſtre le ſouſtien d'vn Thrône floriſſant.

SELIM.

Peux-tu dire innocent vn ſi lâche courage,
Qui iamais pour nous deux n'a témoigné que rage,
Apres ce qu'il a dit, & ſon peu de reſpect,
Voudrois-tu point encor qu'il ne fuſt pas ſuſpect?
Ce ſont là des témoins d'vne grande innocence:
Ne pretends point Corchut, excuſer ſon offenſe,
La perte eſt reſoluë, il en mourra l'ingrat,
Ie preuiendray ma mort, & ſon aſſaſſinat.

CORCHVT.

Les premiers mouuements que luy dónent la rage,
Ne doiuent pas Seigneur, te faire de l'ombrage:

Et ces efforts de cœur estans si violents,
Sont de peu de durée, ainsi que les torrents.
Mais il semble à te voir qu'en parlant pour ton
    frere,
Au lieu de t'adoucir, j'irrite ta colere,
Ie te quitte Seigneur, mais crains.....

SELIM.

               Bien, bien Corchut,
Ie craindray, c'est assez: Crains toy, pour ton salut.

HALY.

Peux-tu souffrir, Seigneur, que mesme en ta pre-
    sence
Il parle pour vn traistre auec tant de licence?
Croy moy, tous ces desseins ne sont pas sans subjet.

SELIM.

I'apprehende aussi d'eux quelque lâche projet :
C'est à quoy ie resuois.

HALY.

             Tu dois y prendre garde ;
Songes y bien Seigneur, ce dessein te regarde,
Et pendant que tu peux encor t'en garentir,
Esuite la douleur d'vn futur repentir.

Preuiens, mais sagement le coup qui te menace,
Il ne faut pas iamais attendre sa disgrace,
On peut tout pour regner auecques seureté,
Et tout pour ce dessein doit estre executé.

SELIM.

Ie me deffendray bien de leurs lâches pratiques,
Va viste, & qu'au deçeu de tous ses domestiques
L'on s'asseure de luy, cours, & dans vn moment
Tu sçauras quel sera mon dernier sentiment.
Qu'auec soy de douleurs vne Couronne traisne :
En entrant dans vn Thrône on se met à la chais-
ne.

L'Aga
r'étre.

Et ce qui fait si fort desirer ces malheurs,
C'est que nous les voyons enuironnez de fleurs.
Ils ont beaucoup d'éclat, au trauers de leurs voiles,
Autant que l'on en voit semblent autant d'Estoil-
les,
Qui brillant à vos yeux penetrent dans le cœur,
Et nous font souhaitter le titre de vainqueur.
Celuy-là qui les voit y trouue des delices.
Celuy qui les possede y trouue des supplices.
Ainsi ce nom fameux, qui fait tous les Tyrans,
Produit en diuers cœurs des effets differents :
Mais ces superbes lieux esloignez de la terre,
Estant plus esleuez sont plus prés du Tonnerre.

Et pour estre montez sur ce sacrez Autels,
Nous ne sommes ny moins subjets, ny moins mor-
    tels :
De Prince que i'estois, ie deuiens vn Esclaue,
Ie vois qu'insolemment la fortune me braue.
Et monté que ie suis à ce superbe rang,
Ie suis desia contraint de respandre mon sang.
N'importe ie le dois, & mon honneur m'oblige
A commander moy-mesme vne mort qui m'afflige,
Ie dois le regarder dedans cét attentat,
Comme vn des ennemis de ce puissant Estat.
Quoy que par ses conseils, & par sa iuste enuie,
En m'esleuant au Thrône il m'ait donné la vie,
Son dessein surpassant tous ses plus grands forfaits,
N'a que trop effacé tous les plus grands bien-faits,
Les complots qu'il a fait sont contre la Couronne,
Ils passent plus auant qu'en ma propre personne,
Et l'Estat dont ie suis le soustien & l'appuy,
Veut sans me partager, que ie sois tout à luy.

SCENE II.

SCENE II.

CORCHVT, *paroist enuironné de gardes.*

Velques grands déplaisirs que le sort
vous enuoye,
Souffrons auec beaucoup de ioye
Ces tristes reuers du destin :
Et de quelque disgrace
Dont la mort tousiours nous menace,
Songeons que tost ou tard on en est le butin.

Qui tâche à preuenir ls effets de sa haine,
Ne fait que reculer la peine
Dont il ne peut se garentir :
Soit subiet ou Monarque,
Il doit ce tribut à la parque ;
Et puis qu'il est mortel, il doit s'en ressentir.

N

Ce Dieu qui nous forma par sa Toute-puissance,
    Lors qu'il nous donna la naissance
    Ce fut comme vn bien passager :
    Il nous mit sur la terre,
    Les vns en paix, d'autres en guerre;
Mais tous communément en pays estranger.

Cette origine aux vns ou plus, ou moins funeste,
    Est à tous neantmoins celeste,
    Le Ciel est leur centre arresté :
    Mais par effets insignes
    L'on s'en rend ou plus ou moins dignes,
Ainsi l'on est admis, ou l'on est rejetté.

Ceux qui pour les vertus qu'ils ont tant exercées,
    Et celles qu'ils ont amassées,
    N'ont rien esprouué que des maux,
    N'estiment pas la vie,
    Mais bruslent de l'auoir rauie,
Pour iouyr en apres du fruict de leurs trauaux.

Mon ame c'eſt à toy qui connois ces miſeres,
    C'eſt à toy qui ſçais ces myſteres,
    Et qui connois ſi bien ce fiel,
      A ſortir de tes peines :
    L'on va bien-toſt briſer tes chaiſnes,
Et tu mourras icy, pour viure dans le Ciel.

***

Dans ce mortel ſejour on ne voit rien de ſtable,
    Tout ſe paſſe rien n'eſt durable,
    Tout ce qui naiſt perit auſſi.
      Là tout ſe doit deſtruire,
    Et ſi nous apprenons à viure,
C'eſt pour viure là-haut, & pour mourir icy.

***

Souffre ſans murmurer la mort qu'on me prepare,
Ris de la cruauté de ce Prince barbare.
Les tourmēs qu'il cherche auecques tant d'efforts,
Sont pour moy des douceurs en affligeant ce corps.
Qu'il poſſede à ſon gré le Sceptre & la Couronne,
Qu'il me mette au cercueil, & monte dans le Trô-
    ne,
Qu'il me priue l'ingrat, d'vn bien qu'il tient de
    moy,
Son injuſte pouuoir ne paſſe point en toy.

Qu'il afflige ce corps par vne mort infame,
Les plus rudes tourments ne peuuent rien fur l'a-
me.
Elle eft libre en ce monde, & ce don precieux,
Comme il eft immortel, n'eft fubjet que des Cieux.
Mais que veut ce Baffa, Dieu fon trifte vifage,
M'apprend entierement quel fera fon meffage.

SCENE III

HALY, CORCHVT.

HALY.

I l'on me voit icy, Seigneur, c'eft malgré
moy;
Mais ie fuis obligé d'obeyr à mon Roy.
Selim, Seigneur,

CORCHVT.

Hé bien;

HALY.

Selim veut voftre tefte.
E fi ma mort pouuoit deftourner la tempefte,

Le Ciel me soit témoin, si ie n'estimois pas
Le mal qui vous pourroit affranchir du tres-
   pas :
Mais ie trouue pour vous tout secours inutile,
Et contre sa rigueur ie ne vois point d'Azyle.
Seigneur vous succombez, à ce triste recit.

CORCHVT.

I'ay pasly, ie l'auoüe, à ce que tu m'as dit,
Quelque bien qu'en mourant espere vn miserable,
La mort est tousiours mort, & tousiours effroya-
   ble ;
Dedans cette entremise, mesmes les plus constans
Ont tousiours desiré de reculer le temps :
Et l'ame la plus forte & la plus resoluë,
Ne peut la regarder sans effroy, toute nuë :
Si quelque malheureux y trouue des appas,
On peut dire de luy qu'il ne la connoist pas.
L'on a peine tousiours à changer de demeure,
Et quoy que nous iugions la seconde meilleure,
On a dedans les lieux où l'on receut le iour,
Vn peu plus d'habitude, & pour eux plus d'amour.
Mais n'importe mourons, cette peur est esteinte :
Vn genereux espoir a rabattu ma crainte.
Allons, allons mourir, mais auant permets moy,
Que du moins par escrit ie saluë le Roy,

Sans faillir contre luy, tu me le peux permettre.

HALY.

Seigneur, vous le pouuez.

SELIM, ayant escrit
la lettre.

     Porte luy cette lettre,
Dis luy puis qu'il le veut, que ie meurs trop con-
 tent,
Que ie vais sans regret où le trespas m'attend.
Et pour iusqu'au tombeau luy témoigner mon zele,
Qu'à ses commandemens ie ne suis point rebelle :
Dis luy puisque ma vie a esté son support,
Ie veux qu'il trouue aussi son bon-heur dans ma
 mort.
Que ie ne songe point à son injuste enuie,
Qui fait mourir celuy qui luy sauua la vie,
Et qui par ses conseils appuyant ses desseins,
A mis en s'exposant le Sceptre entre ses mains.
Mais dis luy que le point qui m'est insupportable,
C'est qu'estant innocent ie peris en coupable :
Et si dans ce malheur tu veux me soulager,
Monstre luy les raisons qui peuuent m'excuser.
Employes ton amour, & tes soins pour ce faire,
Adjoustant qu'autrefois en faueur de mon pe-
 re,

Ie quittay de moy-mesme vn fardeau si pesant,
Et que ma volonté me démit de ce rang.
Que si i'eusse eu iamais le dessein de m'y mettre,
C'eut esté quand l'honneur me le pouuoit permet-
    tre,
Et non pas dans vn temps où mon authorité
Ne pouuoit prouenir que d'vne lâcheté.
Grand Dieu dont la iustice esgalle la clemence,
Fais connoistre en tous lieux quelle est mon inno-
    cence :
Et pour recompenser tout le bien que i'ay fait,
Fais voir que c'est à tort qu'on m'impute vn for-
    fait.
Que d'vne lâcheté mon ame est incapable ;
Que tout mon plus grand vice est d'estre miserable:
Et que par la bonté d'vn sort moins rigoureux,
Ie serois innocent si i'estois plus heureux.
Mais c'est trop differer le subjet qui t'ameine,
Ce long retardement a mis ton Prince en peine ;
Acheue & rend bien-tost ton ordre executé.

HALY, parlant aux quatre Muets.

Qu'on fasse son deuoir auec fidelité.

On
baisse
la toi-
le.

SCENE IV.

SELIM, L'AGA.

L'AGA.

Eigneur, Acmet est mort, & ce lâche cou-
     rage
N'a iusques au tombeau fait paroistre
     que rage;
Il a dit en mourant que du creux des Enfers
Il vouloit contre toy sousleuer l'Vniuers.
Qu'il sçauroit bien vn iour se vanger de ses peines,
Mais tu dois te mocquer de ces menaces vaines,
Il dit ce que son bras ne peut executer,
Et de ce qu'il ne peut, veut du moins se vanter.
Il veut t'intimider par ses discours friuoles,
Et son plus grand pouuoir gist dedans ces paroles,
Ce sont là des desseins qui n'auront point d'effet :
Il ne fera iamais plus qu'il a desia fait.

SELIM.

Qu'il fasse plus ou moins, i'ay dequoy me deffendre,
Ie peux plus surmonter, qu'il ne peut entreprendre.

Ie

Ie viendray bien à bout de ses plus grands pro-
  jets,
Et de mes ennemis ie feray des subjets.
Ie tiens indifferents son amour, & sa haine,
Aussi n'est-ce pas là ce qui me met en peine;
C'est.

L'AGA.

Qui peut donc Seigneur te causer de l'ennuy?

SELIM.

Corchut, i'ay commandé qu'on se défit de luy.

L'AGA.

S'il l'auoit merité tu ne dois point le plaindre.

SELIM.

Le subjet n'est pas grand, c'est ce qui me fait craindre.

L'AGA.

Ne le puis-je sçauoir?

SELIM.

                              Escoute: il s'est porté
Pour l'interest d'Achmet, & son trop de bonté

O

Qu'il témoignoit auoir pour cét indigne frere,
Me l'a fait regarder comme mon aduerſaire.
I'ay ſouſcrit à ſa mort.

L'AGA.

C'eſt par vn iuſte Arreſt:
Oſant pour vn ingrat quitter ton intereſt.
Ton deſſein eſt trop iuſte, & ſa mort legitime,
Quand pour le criminel vn innocent l'anime.
Il n eſt plus innocent, luy-meſme il s'eſt lâché,
Dés lors qu'il rechercboit l'excuſe du pecbé.
Qui ne le punit pas oſera le permettre :
Qui pourra l'approuuer oſera le commettre;
Et Corchut a fait voir, l'excuſant en ſon ſang,
Que du crime d'Achmet il eſtoit partiſan.

SELIM.

On peut aimer quelqu'vn ſans en aimer le vice,
Et ne le punir pas ſans eſtre ſon complice :
Ainſi nous excuſons ſouuent en vn amy,
Ce que l'on puniroit dedans vn ennemy.
C'eſt de cette façon qu'il excuſoit le crime
D'Achmet, non des deffauts Corchut faiſoit eſti-
me :
Il l'aimoit comme frere, & non en criminel,
Et ne pouuant quitter cét amour fraternel.

L'AGA.

Corchut pouuoit-il bien excuſer en ſon frere
Ce que par ſes conſeils on punit en ſon pere?
Luy eſtoit-il aſtraint par de plus forts liens ?
Que l'autheur de ſa vie, & l'autheur de ſes biens,

SELIM.

Non, mais on punit l'vn pour ſauuer cét Empire,
L'autre inutilement à ſon aduis expire.

SCENE V.

SELIM, HALY, L'AGA.

SELIM.

Ais le Baſſa reuient : Hé bien en eſt-ce
fait?

HALY.

Ouy Seigneur, & Corchut a payé ſon forfait :
Il m'a donné cecy, qu'il faut que ie vous rende.
SELIM.
C'eſt vne lettre, ô Dieu! voyons ce qu'il nous mãde.

Lisant le dessus.

Corchut Prince Othoman, à Selim Empereur.

Donnant la lettre à l'Aga.

Ouure-moy ce billet : Ciel ie tremble de peur ;
Que pourra-t'il mander à cét indigne frere,
A ce Tygre affamé de sa propre misere ;
Qui pour se maintenir dans vn illustre rang,
N'eut pas mesmes horreur de respandre son sang ?
Voyons.

L'AGA, la repoussant.

Si tu fais bien tu ne le dois point lire.
Seigneur.

SELIM.

Donne.

L'AGA.

Seigneur.

SELIM.

Donne ie le desire.

LAGA.

Peut estre cét escrit croistra ton desespoir.
Seigneur ne le lis point.

SELIM, le prenant.

Donne ie le veux voir.

Il lit.

Ie meurs pour asseurer ton Sceptre & ta personne,
Vis pour le conseruer, & vis tousiours en Roy :
Mais pour paisiblement demeurer en ce Thrône,
Ne te souuiens iamais que tu le tiens de moy.

Il poursuit.

O reproche honteux! reproche veritable,
Ma faute est trop visible, & ie suis trop coupable;
Ouy i'ay failly cher frere, & ie sens des remords,
Qui me punissent plus que mille & mille morts.
Vn fantosme par tout, me suit, & m'espouuante:
Son image sans cesse à mes yeux se presente,
Et malgré la douleur d'vn triste repentir,
Ie sens ouurir la terre afin de m'engloutir.
O Dieu! ie vois aux creux de ces noirs precipices,
Des bourreaux attentifs à forger des supplices.
Quel desordre confus en ce lieu plein d'effroy!
Mais vne troupe sort & s'en vient droit à moy.
Attends encor vn peu, Dieu vangeur de mes cri-
         mes,
Differe mon supplice, & ferme ces abysmes,
Voys que mon cœur de rage, & de douleurs pressé,
Te satisfait assez du sang qu'il a versé.
Et vous esprits maudits dont la troupe importune,
Me donne mille morts pour vne mort commune:
Bourreaux trop obstinez à me faire du mal:
Rentrez, rentrez tyrans en ce gouffre infernal.

Pourquoy me destiner à des peines si rudes ?
Suis-je pas trop puny par mes inquietudes ?
Sans adjouster encore auecque tant d'efforts
Aux supplices du cœur, les supplices du corps.
Allez noirs habitans, & remportez vos chaisnes,
Vos soins sont superflus, il suffit de mes peines.
Ce cœur officieux à croistre ma douleur,
Veut estre l'instrument de son propre malheur.
Mais n'apperçois-je pas ce pitoyable frere ?
Ouy c'est Corchut, c'est luy qui d'vn soin debon-
   naire,
Pour me recompenser des maux qu'il a soufferts,
A chassé mes bourreaux, & m'a tiré des fers :
Viens-tu donc cher objet de mes fureurs passées,
Te plaindre des rigueurs sur ton corps exercées :
Ou si pour me punir de tant de cruautez,
Tu viens m'assassiner auecque tes bontez.
A c'est trop te peiner pour vne ame barbare,
Laisse-luy supporter la mort qu'on luy prepare :
C'est trop auoir de soin d'vn miserable Roy ;
Qui pour se couronner n'en eut aucun pour toy.
Changes, changes plustost tes bontez en furies,
Viens te vanger sur luy de tant de barbaries ;
Fais qu'au lieu de Couronne il espouse vn Tom-
   beau,
Et despouille son chef d'vn si digne fardeau.

Quoy tu ne punis pas l'autheur de ta difgrace ;
Veux-tu donc, cher Corchut, que ie te fatisfaffe ?
S'il ne tient qu'à ma mort, ton bon-heur eft parfait :
Ce fer te va vanger du mal que ie t'ay fait.

Il tire
fon ef-
pée,
puis il
fort.

L'AGA.

Quels violents tranfports que la douleur luy donne!

HALY.

Le remords le poffede , & l'efprit l'abandonne ;
Suiuons-le cher amy de peur que quelque effort ,
Au milieu de fon deüil , ne luy donne la mort.

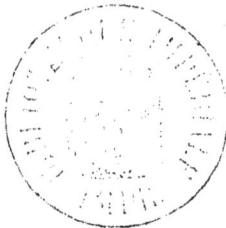

F I N.